LUCIEN DE BURLET

AU CANADA

DE PARIS A VANCOUVER

NOTES D'HIER ET D'AUJOURD'HUI

DEUXIÈME ÉDITION

PARIS

L'ÉDITION MODERNE - LIBRAIRIE AMBERT

25, RUE LAURISTON, 25

Au Canada

—

De Paris à Vancouver

LUCIEN DE BURLET

Au Canada

De Paris à Vancouver

Notes d'hier et d'aujourd'hui

PARIS

L'ÉDITION MODERNE – LIBRAIRIE AMBERT

25, RUE LAURISTON, 25

A L'HONORABLE

L. RODOLPHE ROY

SECRÉTAIRE DE LA PROVINCE DE QUÉBEC
MINISTRE DE L'INSTRUCTION PUBLIQUE
AVOCAT-CONSEIL DU ROI

Je dédie ces notes modestes en souvenir reconnaissant de l'encouragement qu'il m'a accordé et de l'accueil si sympathique que j'ai reçu à Québec.

L. B.

Le seul mérite de cet ouvrage est sa sincérité même et son impartialité. Montaigne aimait Paris « jusque dans ses verrues ». Et c'est aussi bien la marque de l'affection vraie que se montrer impartial. Mes amis du Canada ont l'intelligence trop avertie, et l'âme trop haut placée, pour se froisser de quelques critiques sans malice. Ils savent mon admiration pour leur pays si beau, si varié, si riche, et combien je tiens pour légitimes leurs patriotiques ambitions.

Je suis un simple observateur, et, simplement, j'ai noté ce que j'ai vu, les impressions ressenties, les enseignements qui se sont dégagés pour moi des choses étudiées.

Les livres de voyages se sont multipliés depuis vingt ans avec le goût des voyages, né lui-même de la facilité des communications. Tout aujourd'hui concourt à supprimer les distances. Les chemins de fer et les paquebots sont condamnés à d'incessants progrès.

Déjà le télégraphe sans fil, et son rival heureux de demain, le téléphone sans fil, permettent aux deux mondes la communication instantanée.

Je serais donc mal venu, je crois, d'essayer ici un étalage de science, une orgie de descriptions, un Pélion sur Ossa de truculents récits...Ces pages ne valent que par une qualité assez mince : elles sont vécues. Ce sont des notes écrites au jour le jour, ou à la clarté du souvenir. Elles n'en seront pas moins utiles, j'ose le croire, à ceux qui cherchent l'impression sincère des choses vues, en se dégageant des opinions toutes faites, et en transformant le de auditu *en un loyal* de visu.

De 1875 à 1900, on a beaucoup parlé du Canada chez nous, et l'on en parle toujours. Relations privées et documents officiels ou officieux ont été publiés et répandus. Le Canada appelle des travailleurs... et des capitaux. Son gouvernement fédéral et ses gouvernements provinciaux ont imprimé de nombreuses brochures, où une illustration intéressante éclaire un texte très suggestif et montre une terre promise. Des missions sont venues en France et des délégués français ont franchi l'océan. On a publié des livres, donné des conférences. Bref, reste-t-il quelque chose à dire de ce pays, quelque miette à ramasser et à glaner encore, ou vais-je découvrir de nouveau la Méditerranée?

On a dit bien souvent que rien n'est nouveau sous le soleil. Or, il me paraît que, précisément parce qu'on a beaucoup parlé du Canada, il reste quelque chose à en dire. Car, s'il est vrai que tout soit connu, il est non moins exact que les choses les plus « vues » se modifient selon le caractère, le tempérament, l'état d'âme du voyageur. Le moins intellectuel, le moins imaginatif, a son appréciation personnelle, de telle sorte que chacun peut apporter sa contribution de réflexions et d'observations.

Au Canada

De Paris à Vancouver

I

NEW-YORK ET LES ÉTATS-UNIS

J'ai accompli, il y a quelques années, ce voyage, rajeuni par un second tout récent. Ce que je viens de dire justifie la publication de ces notes, ensemble de souvenirs déjà un peu effacés et que le temps va chaque jour estompant de son crayon noir.

Mon opinion est toute désintéressée. La colonisation au Canada est des plus attirantes, à juste titre. Mais le soleil a lui-même ses taches et le plus ardent patriote ne saurait se refuser à admettre que toute chose, en cette humanité, ait les défauts de ses qualités.

Je m'en allais dans ce qui fut la nouvelle France pour y voir un peuple gardien des vieilles coutumes françaises, dans une contrée neuve, pour y étudier précisément la question de colonisation. Des amitiés qui me demeurent précieuses m'avaient montré la terre promise pour le laborieux qui, dans la lutte sociale, mesure les heurts de la vie et s'inquiète du sort de ses enfants. M. Aubry, professeur à l'Université catholique d'Angers, et dont le nom est resté, sur les rives du Saint-Laurent, entouré des sympathies de tous, était un fervent apôtre du Canada. Un prêtre de Paris qui allie à un cœur d'or une âme d'apôtre, l'abbé B., m'en avait aussi souvent entretenu. Il a habité dix ans la Nouvelle-Écosse et en parle non sans regrets. M. Mercier, premier ministre de la province de Québec, était venu en France. On entourait le Canada d'une auréole dont les rayons ne laissaient place à aucun nuage. Nous ne sommes pas le pays de Don Quichotte, mais nous en avons les élans naïfs souvent. Au lendemain de l'année terrible, il avait été réconfortant de penser qu'un petit peuple

s'était rencontré se souvenant, gardant la langue
du vaincu et traversant, sans y perdre son auto-
nomie, la grande invasion anglo-saxonne — tel le
Rhône au lac de Genève. Et, au demeurant, n'était-
il pas préférable que nos émigrants, s'éloignant de
la mère-patrie pour chercher au loin le pain qu'ils
n'ont pas sur le sol usé de la vieille Europe, s'en
allassent au Canada au lieu de s'expatrier pour
peupler la République Argentine ?

Le Canada est donc un vaste champ ouvert à
toutes les activités agricoles, industrielles ou com-
merciales. Ce n'est pas que dans ce concert d'éloges,
il ne se fût fait entendre quelques notes discor-
dantes. M. Mercier avait relevé très vivement, dans
une conférence donnée à Chartres, je crois, l'impression d'un prêtre, que le Canada demandait de
l'argent et des bras pour cultiver son sol, — et pas
autre chose... Mais quoi ! il fallait voir.

C'est le 20 juillet que je pris le train à la gare du
Nord pour Boulogne-sur-Mer. Les transatlantiques
vont plus vite, ils sont beaucoup plus luxueux. Il
y a, entre les diverses compagnies concurrentes,
un steeple-chase incessant pour obtenir le record
de la vitesse et du confort. Mais, à ce moment, après
avoir bien cherché et hésité entre les « villes flot-

tantes » qui appellent le voyageur, j'optai pour la
Compagnie... néerlandaise. Cette Compagnie a eu,
il y a une quinzaine d'années, l'heureuse pensée de
créer une escale à Boulogne, de sorte que le voyageur français embarque, ayant simplement à pénétrer dans la cabine retenue à l'avance.

On ne trouve, assurément, sur les paquebots de
la ligne néerlandaise, ni le luxueux confort ni les
distractions, coûteuses d'ailleurs, d'autres paquebots. Mais on y est bien, l'on y vit tranquille
surtout. L'arrêt de Boulogne était récent et les
voyageurs français s'en servaient relativement peu.
Le courant s'est établi depuis. Je conclus que je
pourrais observer et méditer.

Dans le petit vapeur qui mène au paquebot,
nous étions une centaine : un jeune homme que
son père m'avait recommandé ; des passagers de
cabine ; le reste, des émigrants. Parmi ces derniers, une jeune fille de seize printemps qui quittait Ménilmontant pour la première fois de sa vie,
(l'éternelle histoire du père remarié et de la belle-
mère) et un gavroche de dix-huit ans, tête brûlée.
Tous deux, avec la parfaite insouciance de leur âge,
s'en allaient à l'aventure : le matin, ils ne se connais-
saient pas, le soir elle lui confiait son porte-monnaie.

Le steamer avait stoppé et la foule, amassée aux
bastingages, nous attendait curieusement. Tout
est intéressant en mer. Ce fut, pendant deux
heures, un chaos bruyant, un remue-ménage, un
amoncellement de colis bizarres, valises, matelas,
une cohue humaine cherchant sur l'entrepont à se
reconnaître. On finit par trouver un ordre relatif
et les centaines d'émigrants prirent leurs quartiers.

Les passagers des cabines étaient nombreux.

Je ne serais pas le premier à décrire le spectacle
attristant et pittoresque à la fois que présentent ces
masses grouillantes des émigrants. Il tenterait le
pinceau d'un Callot. Je ne l'esssaierai pas. La majeure partie de nos émigrants se composait de Juifs
polonais ou russes, et il est malaisé d'imaginer quelque chose de plus tristement impressionnant. Nous
voyions cela du haut de la passerelle : une promiscuité absolue, femmes, hommes, enfants, mangeant, buvant, dormant. Au reste, une oisiveté
complète, inimaginable. Tout cela était chaussé de
bottes altières, encore qu'éculées, vêtu de longues
houppelandes crasseuses, ignorant la brosse et le
ravaudage. Et les têtes portaient haut leur cheve-
lure vierge du peigne. Çà et là, quelques visages

sympathiques et gracieux de femmes auxquelles
de nombreuses ablutions auraient été nécessaires.
Je me suis souvent demandé comment ces femmes,
ne fût-ce que par distraction et pour tuer le
temps, n'essayaient pas de repriser, tant bien que
mal, des robes déchirées ou des redingotes den-
telées. Il est prodigieux de pouvoir rester ainsi
douze heures sans rien faire de ses dix doigts.
Soyons juste : quelques-unes essayaient... d'ap-
proprier leurs enfants. Alors, elles avaient fort
à faire. L'égalité et les grands mots sonores re-
çoivent là un bel accroc et deviennent, je vous
jure, un bien joli paradoxe.

Nous eûmes, au surplus, la plus heureuse traversée qui se puisse rêver. Dire qu'elle fut très
agréable serait excessif, elle fut plutôt monotone
et, sans doute par sauvagerie naturelle, je n'eus pas
l'occasion d'entrer en relations avec les passagers
allemands ou anglais qui nous entouraient. Un
« *good morning, sir* », le matin, et c'était tout.

La salle à manger avait deux tables : l'une, présidée par le capitaine, était complète au départ
d'Amsterdam ; la seconde, présidée par le docteur
du bord, réunissait, dans mon coin, cinq personnes, y compris votre serviteur : un Italien et

son jeune fils de dix ans, et deux Américaines, miss
Grâce, de Boston, et une dame de Chicago.

Le capitaine Bakker donnait bien l'idée de cette
forte race de marins hollandais, froids, ponctuels,
mais d'une affabilité et d'une courtoisie extrêmes.
Très attaché à son service, il veillait la nuit et dormait le matin. Je compris ainsi pourquoi on ne
pouvait guère jouer du piano.

Le docteur Macaully, aussi brun que le capitaine était blond, une façon d'Esculape polyglotte
fort gai, aida souventes fois aux défaillances de ma
prononciation anglaise. Le docteur, né à New-
York, était français par son grand-père, ancien
chirurgien de la marine à Marseille, m'a-t-il dit.
C'était en tous cas un gai compagnon qui con-
naissait bien Paris — y compris le quartier latin.
Était-il docteur de la faculté de Paris ou de Phila-
delphie ? Je ne sais. Et je n'eus pas à réclamer ses
bons offices !

Notre quatuor, à table, ne manquait pas d'im-
prévu. C'était la tour de Babel. J'ai nommé miss
Grâce. Je dois un souvenir à M. Anselmo Bigongiari,
un Toscan érudit qui, le premier jour, nous confessa
ne parler que l'italien — un peu — et le lendemain
entendait toutes les langues.

Cicéron était le livre de chevet de ce classique.
Et comme miss Grâce, une savante qui n'était pas
un bas bleu, me disait qu'en Amérique, beaucoup
de jeunes filles apprennent le latin, M. Bigongiari,
très grave, très pince-sans-rire, reprenait invariablement :

— Mademoiselle, j'ai au fond de ma malle un
Virgile, peut-être même Cicéron, et, je crois bien,
Lucrèce. Je les apporterai à dîner... et nous ferons
une version.

Je dois ajouter qu'il ne les apporta jamais.

On se dispersait après les repas. Miss Grâce
se coiffait d'une sorte de toque de jockey qui donnait à sa figure grave un air impayable sous ses
lunettes, et s'en allait lire. M. Bigongiari allumait
force cigares dont la fumée en spirale se mêlait à
celle du steamer. Le docteur partait en visite médicale. Quant à moi, ou je m'accoudais et rêvais,
ou j'allais voir les émigrants et prendre d'eux des
leçons d'insouciance, en jetant du chocolat aux
enfants qui grouillaient sur l'entrepont.

Au nombre des passagers de troisième, un
groupe de jeunes Anglais qui allaient, selon toute
apparence, chercher fortune, se réunissaient chaque
soir et chantaient. Ils organisèrent un jour un con-

cert, un vrai concert, ma foi, qui fut d'ailleurs
suivi d'une quête. J'en ai gardé le programme dis-
tribué à bord. Le voici :

PROGRAMME

—

Songs etc. given by the English Passengers

Cockney will play		Whistle Solos (at intervals).
Prof. Snooks will sing		I could'nt.
» » »		I should like to be a soldier.
Tommy Atkins	»	See that my grave is kept green.
» » »		Love's golden dream.
Lord Gumbert	»	Cousin Sarah.
» » »		Jubilation.
Stuffy Twalums	»	Fish and takers.
» » »		Hurrah for my coat.
Cap. Bimes	»	Dream of Albert Hall.
» » »		Killaloe.
Tommy Short Thumbs will sing		His last cigar.

Chorus { Love's old sweet song / Annic / Who killed cock Robin

God save the queen

To commence at 7. 45 p. m. precisely

Je soupçonne nos orphéonistes d'un peu de
fumisterie dans les noms du programme. Ces

chants anglais étaient assez ordinaires, mais les voix résonnant dans l'immensité de la nuit tombante et du silence, *per amica silentia lunæ*, leur donnaient un caractère grave et émouvant. Un de ces airs avait du charme et je le redemandai. C'était, je crois, « les rêves d'or de l'amour », mélopée douce et pénétrante. L'air s'est gravé dans ma mémoire et je me surprends parfois à le fredonner.

Au surplus, tous les chants acquièrent une poésie intense en pleine mer, sous la seule clarté des étoiles. Je ne dirai rien du « *God save...* » qui terminait chacune de ces réunions, sinon que ce salut à la patrie absente, personnifiée dans la Reine ou le Roi, m'a toujours touché. J'en pris occasion de donner une leçon à un passager qui l'avait bien cherchée, car je n'aurais pas commencé.

C'était un juif, Hollandais. Il avait habité longtemps Paris où pendant le siège, si je compris bien, il gagna un certain nombre d'écus en vendant du pain. Il avait cru flairer en moi quelques vieux instincts réactionnaires peut-être, instincts de jeunesse que la maturité corrige, et il jugea spirituel de me glisser quelques phrases mal sonnantes à l'adresse de la France républicaine. Il pensait m'être agréable en cognant ferme sur le gouvernement.

— Monsieur, lui répliquai-je, j'en ai peut-être, en France, dit et écrit davantage. Mais ici, hors des frontières, qui attaque son gouvernement attaque la France. C'est la patrie qui est en jeu, et son régime, quel qu'il soit, a droit au respect...

Et pendant ce temps les jours s'écoulaient, un peu lentement à mon gré. Le soir du septième jour, nous aperçûmes Long Island. Je veux dire qu'on nous montra une sorte de ligne blanchâtre assez vague, coupant l'horizon à notre droite. Le lendemain, vers midi, le pilote aborda le vaisseau. Il apportait des journaux sur lesquels tout le monde se jeta. En quelques jours, bien des choses se peuvent passer... Aujourd'hui, la télégraphie sans fil permet d'imprimer des journaux quotidiens sur le paquebot même.

Vers six heures nous entrions dans la rade de New-York. Je ne suis pas un enthousiaste, la flore de New-York n'est pas sensiblement différente de la nôtre, ce n'est point la végétation de l'Amérique du Sud : cette arrivée fut pourtant un véritable enchantement, et j'en aurai toujours un

vivace souvenir. Vous souvient-il des expansions
de Vasco de Gama ?

> Pays merveilleux ! Jardins fortunés !
> Temples radieux ! Salut !

Ce sont peut-être les dimensions qui étonnent.
Notre France offre des beautés égales à celles du
Nouveau-Monde, mais ce sont des réductions. La
rade immense s'étendait devant nous au delà de la
passe, entre ces deux îles Staten et Long-Island, amas
d'ombrages touffus ! Nous passions sous les forts
de La Fayette et Richemont — deux noms français
— avec la perspective, là-bas, entre les petits îlots,
de la Liberté éclairant le monde. J'en avais vu la
tête à l'exposition de 1878. On sait les dimensions
de l'œuvre de Bartholdi. La statue, immense, qui
tient, dans sa main droite, à 110 mètres de hauteur,
un phare électrique, apparaît microscopique dans
ce vaste et prestigieux décor. Et autour, à côté, devant, derrière, les navires qui partent pour l'Europe, la multitude des embarcations, ferry-boats,
barques, steamers se croisent, s'entrecroisent. Toute
l'animation et l'activité féconde d'une cité d'affaires
et d'un peuple absorbé. Une barque à pavillon
jaune nous accosta : c'était le service de santé. Le

docteur rendit compte de l'état sanitaire du bord,
les passagers signèrent leurs déclarations à la
douane et on annonça le débarquement pour le
lendemain matin.

De fait, six heures sonnaient quand le paquebot
accosta à Hoboken. Nous passions la nuit à bord,...
et le lendemain, à la première heure, nous serrions
la main à nos compagnons. Nous avions vécu côte
à côte, d'une vie commune, un contact de chaque
instant, et nous nous séparions avec la quasi cer-
titude de ne nous revoir jamais. Ainsi est faite la
vie... *Sic voluere fata!...* Où sont-ils, ces amis, ces
relations de traversée, avec lesquels on trompait
les longueurs du temps. Ont-ils réussi ? Sont-ils
morts ? Songent-ils à nous, parfois, aux heures cré-
pusculaires où la pensée est fugitive, où le souvenir
erre vagabond et mélancolique sur les heures vécues ? J'eus au reste des nouvelles de miss Grâce D.
à Québec où elle eut la bonté de m'écrire de Glou-
cester trois mois après, pour m'accuser réception
d'un article de moi dans la *France Nouvelle.*

« Mille remerciements, m'écrivit-elle, pour le
journal et pour vos paroles obligeantes de la miss
américaine. J'ai souri beaucoup de lire votre intéressant article qui m'a fait penser de nouveau des

jours tranquilles sur le paquebot avec nos dîners épicuriens auxquels assistait la petite compagnie. Pendant la longue et sévère maladie qui suivit mon retour en Amérique, j'ai parlé toujours, dit-on, du navire et de ses officiers et passagers. Mais aussitôt qu'a commencé ma convalescence, tout cela m'a paru vague et loin : les imaginations d'un rêve. Votre article l'a appelé encore en vie pour ainsi dire... »

Cette lettre était charmante, n'est-il pas vrai ? Depuis, le temps a marché... et c'est bien un rêve que ces rencontres.

Qu'êtes-vous devenue, miss Grâce, si douce, si pittoresque avec votre joli accent et votre casquette ? Avez-vous revu la France comme vous en aviez la pensée, ou avez-vous rencontré à Boston un cœur qui vous ait compris ? Laissez-moi espérer que vous donnez parfois un souvenir à votre voisin de table français...

Donc, au matin, nous sortions... Mais avant l'exeat, il fallait passer sous le regard du Cerbère vigilant : la Douane, plus malaisée à franchir que la passe du port où vous avez au moins un pilote. Or, la douane américaine est légendaire, et elle n'a pas volé, je crois, sa réputation. Je me suis toujours demandé le pourquoi de certaines traditions en usage dans les administrations des peuples civilisés, aussi bien dans la vieille Europe que dans le nouveau monde. Lorsque vous arrivez, un fonctionnaire, généralement correct et froid, vous demande si vous avez des objets soumis aux droits. La veille déjà, ou le matin, quelques heures auparavant, sur le paquebot, on vous a adressé la même question, à laquelle vous avez fait la même réponse sous serment — et vous avez signé votre déclaration. N'importe ! ici, on pratique le *bis in idem*. Donc vous répondez nettement : « No, I have nothing ! » Et voilà qu'on exige la clef de vos malles, pour les bouleverser, et que sur un signe du préposé, toujours correct et froid, un « workmann » advient, lequel, armé d'un marteau et d'un ciseau, se précipite sur vos caisses et les éventre consciencieusement...

Je sais fort bien que l'humanité n'est pas toujours le dernier refuge de la franchise et demeure sujette à caution. Mais pourquoi interroger? C'est un procédé qui m'a toujours souverainement déplu et froissé. En France, j'ai dit parfois dans des cas semblables : « — Pourquoi questionnez-vous? Si vous avez confiance, vous n'avez pas à douter

des déclarations que vous provoquez ; si vous
n'avez pas confiance, ne demandez rien, — et agis-
sez. » Voilà un dilemme que mon honorable ami
M. Charles Dupuy ne désavouerait pas.

Il y aurait beaucoup à dire sur le système de
protection à outrance des États-Unis. Ce n'est
point ici le lieu. Mais s'il a enrichi le pays, il met
les objets d'utilité courante à des prix exorbitants.
Cette formalité des douanes n'est pas au surplus
sans avoir souvent son côté comique.

Notre jeune ami H. avait ouï parler à Paris de la
sévérité de la douane yankee et de l'importance
capitale qu'il y avait à ne rien omettre, à ne rien
dissimuler de ce que sa malle contenait de neuf.

Aussi, par le truchement d'une aimable passagère
qui nous fut bien utile — grâces lui soient rendues !
— se livra-t-il à une énumération de blanchisseuse :
— tant de chemises — tant de paires de chaussettes
— tant de faux-cols — tant de cravates, etc...

Et, satisfait du devoir accompli, il se frottait les
mains, quand, soudain, il sentit un serrement de
cœur... Il arpenta incontinent tout le navire,
fouillant le pont et l'entrepont pour quérir, navré,
l'interprète qu'il ramena dans la salle à manger où
se passait la cérémonie.

— Mais qu'y a-t-il donc?

Lui courait toujours.

— Venez ! venez !

L'infortuné, il avait oublié qu'à son départ on avait ajouté à son trousseau deux faux-cols, un caleçon et un foulard, et il avait peur qu'on ne les confisquât.

Il fut rasséréné. Le lendemain, dans le dock, où l'on subit la visite, on s'expliqua et il garda son caleçon.

Autre chose qui dépeint bien l'humaine nature et les bizarreries de la fooooorme : la ligne de démarcation qui sépare les émigrants des autres voyageurs. Vous êtes émigrant, c'est-à-dire un pauvre diable par définition. Les lois américaines exigent tout d'abord, sous peine de renvoi, que vous vous portiez bien, et que vous disposiez en second lieu, avec la santé, de quelques moyens d'existence et je suis loin de blâmer en principe de telles prescriptions. On doit justifier de la possession de 50 dollars au moins, soit 250 francs. Cela est fort sage. Mais êtes-vous venu en 1re classe? Alors, vous êtes passager, c'est-à-dire touriste. Vous pouvez n'avoir pas 25 francs dans votre porte-monnaie, les principes sont saufs : vous êtes touriste.

Ainsi, touriste vous débarquez. Vous passez à la visite des bagages, et, libre comme l'air, faisant des moulinets avec votre canne, vous allez où votre bonne étoile vous appelle, cependant que les émigrants, bétail humain, sont parqués entre des barrières et conduits par les barnums aux destinations diverses qu'ils ont indiquées. Aussi bien, ils sont exploités tout comme d'autres par de sympathiques protecteurs, tenanciers d'hôtels qui excellent à exprimer le contenu de leur bourse flasque.

Nous sommes dans New-York. D'Hoboken, un ferry-boat, dont le centre est réservé aux voitures, chevaux, etc., et les côtés au public, nous a transportés dans la cité.

Nous foulons le sol américain. On a beau s'en défendre, on ressent une certaine émotion. On remonte l'histoire, et Christophe Colomb apparaît à quatre cents ans de distance. Quels progrès ! Quels pas de géants a fait ce peuple neuf dont nous aurions tant à apprendre !

New-York est la ville américaine et rien qu'américaine. On n'y pense qu'aux affaires et à nulle autre chose : *Business is business.* Cette rade, véritable mer que piquent de points noirs mille bateaux se dirigeant dans tous les sens, évoque bien l'idée du commerce, du lucre incessant, dominant tout. Pas de sentiment : des affaires. Quel que soit l'endroit où vous portez vos pas, vous vous heurtez aux gens pressés. Voilà la belle perspective de Broadway, la grande artère où tout afflue... Et les rues, à angles droits, vous apparaissent dans un fourmillement humain caractéristique. Marcher, marcher toujours, c'est la devise yankee. A-t-on le temps de s'arrêter ? Par les chaleurs torrides comme il en fait à New-York, on entre tout juste une minute dans un bar pour boire debout un verre de lait ou des liquides qu'on y débite — puis on repart. Du reste, les rues sont sillonnées de marchands de boissons et de fruits variés, en général assez bon marché, surtout les pêches. Le métropolitain aérien couvre les rues d'une ombre permanente. Les fils télégraphiques et téléphoniques s'enchevêtrent. Nul souci de la symétrie, du côté décoratif : on va vite, on plante des poteaux de bois à peine équarri, et *all right !*

Ce n'est point à dire qu'il n'y ait nulle architecture à New-York. Certes, les « buildings » de Broadway sont immenses et grandioses ! Magnifiques sont les hôtels de la cinquième avenue. Les grands journaux de New-York habitent de véritables monuments. Le dôme du *World* se voit de la rade, pareil, tout doré, à celui des Invalides. On sait déjà que les rues sont tracées à angles droits. Si vous cherchez une rue, ne parlez pas de *street* au policeman qui vous renseigne. Le yankee appelle cela un blok. Ce sont bien, en effet, d'énormes blocs de maisons qui séparent les rues. Un bloc! à toi, Clémenceau!

On ne marche pas, on court. Seuls les tramways sont obligés d'aller au pas dans certaines artères et se suivent à la file. Il est assez curieux de noter qu'il est absolument interdit d'y fumer — même sur la plate-forme, sauf celle de devant. Que diraient d'enragés fumeurs que je sais et qui, en France, s'irritent de ne pouvoir fumer partout dans les chemins de fer ?

Le métropolitain vous mène où vous voulez pour cinq cents. Le cent est, à très peu de chose près, l'équivalent de notre sou et le compte des monnaies est facile. Il se produit à cet égard, les premiers jours, une confusion involontaire dans l'esprit. Vous voyez cet objet affiché 95 c. Vous traduisez immédiatement par 95 centimes, alors qu'il s'agit de 95 sous, autrement dit 4 fr. 95.

Cette similitude et cette confusion nous cau-

sèrent à New-York une mésaventure assez gaie
d'ailleurs et qui n'atteignit que le porte-monnaie.
Nous dînions dans un hôtel et nous dînions fort
bien pour un dollar, ou 5 francs. Ce n'était pas à
l'Hôtel Martin, l'Hôtel Ritz de l'endroit, bien entendu. Mais en voyage j'aime que l'économie s'allie au confort.

Or, l'un de nous avisa une pancarte portant
cette indication : Excellent vin de Californie,
90 c.

— 90 centimes ! dîmes-nous en chœur, hantés
par la monnaie française. Ça n'est pas cher... Si
nous en goûtions.

Et nous en goûtâmes. Et comme nous le trouvâmes fort bon, ce vin de Californie qui rappelle
nos vins alcoolisés d'Algérie et de Tunisie, nous
en voulûmes goûter encore pour le bien apprécier, tout comme dans le *Nouveau Seigneur du village*.

> Oui, vraiment, c'est d'excellent vin...
> Mais est-ce bien du Chambertin ?
>   J'en veux goûter encore
>   Pour en être certain.

Ce dont nous fûmes bien certains, c'est que les

90 c. de l'affiche devinrent sur la note 4 fr. 50.

Redirai-je que l'Amérique est le pays de la réclame la plus ingénieuse, la plus criarde et la plus inattendue ? Notre publicité et nos annonces sont dans l'enfance de l'art à côté de celles du Yankee. C'est une foire perpétuelle que l'on traverse, et l'œil est, à chaque pas, sollicité, brusquement attiré par les annonces les plus bizarres. Ce serait le cas d'employer l'énumération de Mme de Sévigné. Et il faut voir l'illustration qui accompagne l'annonce. Nous avons à Paris, ou nous avons eu, les voitures ambulantes, les pousse-pousse et les hommes-sandwichs. Le Yankee a inventé le promeneur, le flâneur — un phénomène à New-York, qui, les mains dans les poches, déambule, arpente les rues et laisse derrière lui sur le sol l'annonce du meilleur chocolat ou de la plus exquise moutarde : il a des bottes à tampons... tels nos dateurs. Je ne parle pas des affiches et des peintures murales...

C'est la publicité qui fait là-bas la fortune colossale des journaux et permet par exemple au *New-York Herald* de payer à lui seul des expéditions qui grèveraient des budgets publics. J'ai sous les yeux un numéro de ce journal : il compte soixante-quinze pages...

Au point de vue économique, la concurrence est devenue plus aiguë encore qu'à Paris, et il n'est plus, le temps où l'étranger laborieux et intelligent était sûr de réussir. Dans les modes et la couture, les Américaines ont repris le dessus. Il s'abat au reste sur New-York un afflux du monde entier qui nécessairement fait baisser les prix et le coefficient de la valeur personnelle. Il y a, dans cette vaste cité, un je ne sais quoi qui ne frappe pas au premier abord et qui diffère du tout au tout de notre Europe, et même de l'Angleterre. Ce mélange de tous les pays, de toutes les races, de tous les sangs, de noirs, de blancs, de jaunes, de métis, de négrillons qui pullulent, crée une ambiance et une psychologie spéciales.

La main-d'œuvre, pour diminuée qu'elle soit, est encore bien supérieure à celle d'Europe. Ainsi, sans parler des métiers, et pour ne citer qu'un exemple, une couturière qui fait des journées dans les maisons privées gagne deux dollars par jour, soit dix francs. A Paris, il faut une artiste pour atteindre le prix de 5 francs. J'ajoute que la nourriture est moins chère à New-York. Par contre, les loyers sont très élevés.

Un rêve de beaucoup de mères de famille américaines est d'instruire leurs filles et d'en faire des maîtresses d'école. Il faut passer des examens très sérieux, très chargés. Mais le métier n'est pas sans agrément. J'ai connu une jeune fille de 20 ans dans cette situation. Elle gagnait 50 dollars, soit 250 francs par mois assurés toute l'année ; et elle avait tous les ans une augmentation. Elle jouissait de deux mois de vacances, elle avait les fêtes, les congés... Elle était heureuse et aimée. En France, les instituteurs font de la politique et deviennent des agents électoraux, au grand détriment de la considération qui devrait accompagner leur haute et belle mission.

Make money, c'est, avec le *go ahead*, qu'il complète, la devise de l'Américain. C'est ce que dit le père à son rejeton dès qu'il sait distinguer un centin. De mauvaises langues prétendent même que le papa ajoute parfois : « *Honestly if you can, but make money* ». J'incline tout de même à croire au paradoxe. Mais, au demeurant, on peut bien gagner des dollars « honnêtement » tout en roulant un peu le voisin, n'est-ce pas ?

Un homme là-bas vaut tant d'argent. Et tout est dit, il est jaugé. Ceci a un bon côté au total, car on juge un homme d'après sa production. Le labeur est le grand maître, et tout le monde travaille. On peut ajouter que la prospérité des États-Unis vient aussi, pour une partie, des millions d'émigrants qui débarquent chaque jour. Leur petit pécule se totalise finalement par des milliards augmentés à leur tour par le travail quotidien.

Il n'y a qu'un jour où les affaires sérieuses soient remises à demain. C'est le 4 juillet, le jour par excellence, la fête nationale des États-Unis et le triomphe du tapage. L'Américain se permet alors d'être un peu démonstratif, et de ne pas sembler avoir avalé sa canne.

Ce jour-là, le patriotisme est bruyant. Sur tous les points de la grande République étoilée éclatent avec fracas les explosifs et détonnent les revolvers. Des millions de Yankees, depuis le boy de la rue jusqu'au vieux barbon, rivalisent à qui mieux mieux de la voix, des pieds et des mains, pour assourdir l'univers et démontrer péremptoirement que le peuple américain est le premier des peuples. *E pluribus unum.*

Le soir du 14 juillet est généralement éclairé par de multiples incendies. Quant aux éclopés, on ne les compte pas. Mais qu'importe ! Il faut payer sa gloire et l'orgueil national.

Seulement, si vous disséquez ce bruit, ces excès, ces tumultes, vous percevez que cette foule, sans faire de la philosophie, est mue par un sentiment instinctif, spontané, surgissant inanalysé du plus profond de l'âme populaire : le sentiment de la fierté nationale. Venus de tous les pôles du monde. amalgamant les races les plus diverses au physique comme au moral, ces gens communient tous dans l'orgueil d'être Américains, et de se serrer sous le drapeau au semis d'étoiles. Patriotisme tapageur, mais sous lequel il faut voir ce qui est : l'affirmation d'une patrie qui a l'avenir devant elle immensément ouvert.

Et ce sentiment saisit tout homme qui a mis le pied sur le continent américain et s'y est installé... En voici un trait caractéristique.

L'an dernier, j'allais de Paris à Lyon. Dans mon compartiment se trouvait un voyageur à l'allure d'Américain, mais d'Américain de fraîche date, dans lequel on démêlait un peu le naturalisé récent.

A Mâcon seulement, il desserra les dents pour me demander si nous avions dépassé Lyon. Puis il parla. Depuis vingt ans, il n'était pas venu en France. Il était des Hautes-Alpes et avait fait son service militaire au 140ᵉ à Grenoble. Libéré, sans crier gare, sans revoir même les siens, il s'était embarqué pour New-York, ne sachant pas un mot d'anglais. Là, beaucoup de « vache enragée », beaucoup de nuits passées à la belle étoile, mais plus d'énergie et de volonté encore... Il se leva tout droit dans le compartiment et me dit :

— Monsieur, j'ai aujourd'hui 800.000 francs.

— Tous mes compliments !... Et sans doute vous venez manger vos rentes en France, au pays natal ?...

— Non certes ! Dans un ou deux mois, plus tôt peut-être, si je m'ennuie, ce que je crains, je repartirai après avoir vu ma famille. Je retourne à New-York. Je suis citoyen américain. L'Amérique est une bonne patrie, une mère vigilante, qui soutient ses enfants. Ai-je un ennui, mon consul est là... Revenir ! Oh ! non.

« L'Amérique est une bonne patrie ! » Ce mot me frappa vivement... A certaines heures, en saurait-on toujours dire autant en France où les divisions nous déchirent, où nous vivons sous la tutelle quotidienne de l'État, du garde champêtre, du percepteur, du « délégué »...

Et je regardais cet heureux Américain des

Hautes-Alpes. Mais je n'osais lui demander où il avait ramassé son presque million. Sa culture intellectuelle était visiblement moyenne, ce qui ne fait que plus honneur à son succès. Lors, un moment, sortant de ma valise une tablette de chocolat, je lui en tendis la moitié. Il refusa d'un geste bref et ajouta :

— Merci... J'en fais...

C'était donc un confiseur...

Et comme je lui demandais si à New-York il voyait la colonie française :

— Jamais, me répondit-il, je ne vois pas de Français, sauf exception...

Aux États-Unis, on s'intéresse à la situation politique de l'Europe et on s'y targue volontiers de supériorité, surtout dans la question des guerres. En attendant, l'Amérique, tout en riant, avec quelque raison peut-être, du vieux monde, danse elle-même sur le volcan de feu M. Prudhomme, et pourrait bien ne pas avoir des lendemains éternellement couleur d'azur.

Les destins, comme les flots, sont changeants. Il y a la question de l'immigration jaune des Chinois et des Japonais. Il y a encore la question des nègres qui pourra renaître, si tant est qu'elle ait jamais été assoupie. Elle demeure toujours dans l'air. Vous n'imaginez pas combien, chez ce peuple libre, on partage l'opinion de M. Jules Ferry sur les races inférieures. Un jeune médecin du Tennessee m'a déclaré tout net que les nègres devaient être exterminés à bref délai dans tous les Etats où ils sont nombreux, sans quoi il n'y aurait jamais de tranquillité. Il leur déniait tout autre droit que celui d'être écrasés par les blancs, ce qui est, après tout, un honneur.

C'est du sud, États des nègres, ou États limitrophes que viendront les orages, intérieurs ou extérieurs. On parla, il y a quelques années, avant les expéditions de Cuba, de guerre avec le Chili, puis ce fut avec les Mexicains. Encore une race inférieure pour les Yankees.

— Vous n'avez jamais tué personne ? demandai-je à un cow-boy dans l'ouest... Et j'avais mes raisons pour cela.

— Oh ! jamais.

— Pourtant, j'ai ouï parler d'une querelle, il y a quelques mois, qui a mal tourné.

— Je n'ai aucun souvenir, je vous assure.

— Enfin, j'ai entendu parler d'un Mexicain que...

— Oh ! un Mexicain, oui, mais ce n'est pas un homme.

Les Mexicains le rendent bien aux Yankees. Il y a quelques années, au Congrès, un d'eux, se levant, déclarait que cent mille Mexicains battraient le plus aisément du monde à plate couture cinq cent mille Américains et qu'il n'y avait pas l'ombre d'un doute à cet égard...

Or, cette question nègre, dont, en 1900, M. Brunetière disait qu'il n'y en avait pas de plus inquiétante pour l'Amérique, ne s'assoupit pas. Elle ne perd, avec le temps, rien de son acuité, au contraire. Et elles trouvent bien leur place ici, ces réflexions d'un confrère observateur :

« Il y a dans la République Américaine de dix à douze millions de nègres, groupés dans le Sud. Ils forment plus des trois quarts de la population totale de la Géorgie, de l'Alabama, du Tennessee, de la Floride, du Mississipi, et de la Caroline du Sud ; dans ces deux derniers États, ils constituent la majorité. En 1865, ils étaient quatre millions à peine. Pauvres alors, ils détiennent aujourd'hui des propriétés pour deux milliards cinq cent millions de francs, soit un quarantième de la richesse totale des États-Unis. » (A.

B. Hart, *North American Review*, juillet 1908.)

Ce n'est qu'au sortir de la guerre civile que la question nègre s'est, à vrai dire, posée avec l'acuité qu'elle a aujourd'hui. Jusque-là, les planteurs des États du Sud avaient tenu en un esclavage avilissant cette population noire. Son émancipation soudaine fut une faute, au point de vue politique : il eût fallu, sans doute, tout en lui donnant la liberté immédiate, essayer graduellement et avec prudence de l'instruire et de « faire » des citoyens américains. Et peut-être eût-il aussi fallu en agir de la même manière avec une certaine partie de la population blanche de ces États.

Les États-Unis conférèrent du coup à ces esclaves émancipés tous les droits politiques possibles, et ceux qui, la veille, étaient traités comme des bêtes de somme, devinrent le lendemain des citoyens américains dans toute la large acception du mot. On ne tint pas compte que ce peuple, asservi depuis des siècles, élevé dans une ignorance profonde, dépourvu de toute connaissance, avait besoin, pour devenir un peuple éclairé et intelligent, de subir une période d'évolution assez longue, où, peu à peu, la lumière se ferait en lui.

Et parce que, dans le court espace de quarante

années, — ce qui n'est qu'un instant dans la vie
des nations, — les nègres de l'Amérique ne se sont
pas mis au niveau intellectuel des autres popula-
tions d'origine blanche qui l'entourent, les Américains ont décrété son infériorité radicale.

Les sociologues débattent vivement entre eux
cette question de l'infériorité intellectuelle de la
race noire, ils ne l'ont point encore résolue.

La manière dont on a traité, depuis 1865, la population nègre des États-Unis est cause qu'un
doute plane dans l'esprit sur la sincérité des sentiments humanitaires que le peuple américain a si
bruyamment étalés en maintes circonstances. « La
situation des gens de couleur dans le Sud est une
honte pour le nom de la civilisation anglo-
saxonne », écrivait en 1891 un auteur anglais,
M. Laird Clowes, qui a séjourné longtemps aux
États-Unis, afin d'étudier le problème des races
dans le Sud (Black America).

Quels que soient les défauts, les vices même des
nègres, ils sont tout de même des hommes, et
comme tels, ils ont droit à la protection des lois.
On la leur refuse. Ainsi, je l'ai déjà dit, la population des États du Sud ne considère pas comme un
crime le meurtre d'un nègre : la plupart du temps,

le meurtrier demeure impuni. Mais qu'un nègre soit accusé d'assassinat ou de tout autre crime, le peuple enlève tout de suite à la justice le coupable présumé, il lui applique la loi de Lynch, il le pend ou le brûle. Dans le Kentucky, à Russellville, la foule a enfoncé les portes d'une prison, enlevé quatre nègres arrêtés sous le soupçon d'avoir approuvé, dans une assemblée, le meurtre d'un fermier par son domestique nègre, et elle les a pendus sur le champ. A Atlanta, la population tua dix noirs, sans aucune raison, au cours d'une émeute. Leur innocence complète fut reconnue plus tard, l'État fit arrêter vingt de leurs meurtriers, aucun jury ne voulut les condamner. Et de tels faits sont de tous les jours.

De 1882 à 1903, si l'on en croit le docteur Cutler, auteur d'un livre sur la « Loi de Lynch », le peuple lyncha sans procès 2.060 nègres, dont 707 pour viol, 816 pour meurtre, et le reste, pour toutes sortes d'offenses, même pour avoir refusé de rendre témoignage dans certaines causes.

Nombreux sont, dans le Sud, ceux qui prétendent réformer la population nègre au moyen de la violence et de la loi de Lynch. D'autres préconisent, comme solution à ce problème des races, la déportation en bloc des nègres en Afrique. Quelques-uns, plus raisonnables, indiquent une autre solution, l'éducation des noirs et leur relèvement moral, œuvres auxquelles se dévouent déjà des nègres fort intelligents, et de haute valeur, entre autres Booker Washington, recteur de l'Institut de Tuskegee.

La parole est à l'avenir... Malgré tout, c'est un grand peuple que celui des États-Unis, et, nègres à part, il sait pratiquer la liberté dont il se réclame. On sait que, sous le rapport religieux, cette liberté y existe, idéale. Si nos radicaux de France la voulaient ainsi sans entraves, vraie, j'y souscrirais. Aussi bien le catholicisme fait-il des progrès considérables à New-York où il doit bien approcher du chiffre d'un million d'adhérents. Le clergé, du reste, élevé dans cette atmosphère de liberté, comprend son rôle : il va au peuple... Dans l'ordre économique on a vu souvent son intervention amener l'accord entre patrons et ouvriers. On se souvient notamment du dernier mouvement des chemins de fer. La grève était provoquée et conseillée sur plusieurs des grandes lignes. Le clergé l'a localisée et a amené l'entente pacifique. On commence en France à connaître ces prêtres, ces évêques démocrates qui demandent à l'Église de ne pas s'attarder devant des sépulcres et des cendres froides, et défendant ses dogmes immuables, la montrent s'adaptant à son époque et élevant le drapeau de la démocratie.

Mais forcément, les cérémonies ne sauraient être ce qu'elles sont chez nous. Ainsi, à Noël, pas de messe de minuit. A 5 heures du matin, une grand'messe pour laquelle il faut retenir son banc d'avance ; coût 50 cents ou 2 fr. 50. J'ai eu occasion de retenir une place et voici le fac-similé de la carte :

Église Saint-Vincent-de-Paul
Noël 19..

Bon pour une place
Banc n° 27

Th. Wucher, curé.

Ce n'est pourtant pas qu'il y eût foule, bien loin de là. J'arrivais à 5 heures moins dix, m'attendant à une influence énorme : je ne trouvais qu'une trentaine de personnes grelottant. J'évoquais malgré moi nos belles messes de France, si solennelles dans les villes, si poétiques et si touchantes de simplicité dans les campagnes. Pas de notre *Minuit, Chrétiens*! Une dame chanta cependant admirablement le dimanche à la grand'messe et aux vêpres, lesquelles seulement se chantent bien tard, à 8 heures du soir.

La liberté absolue que nous n'avons pas en France est un des bienfaits de l'Amérique. Ce sont les fidèles seuls qui alimentent le culte et c'est à leur honneur, car l'Église ne vit que de leur charité volontaire.

Ainsi, un siècle a suffi pour amener ce prodigieux développement des États-Unis. Pourquoi?

De toutes les Républiques du présent ou du passé, celle-là est, sans contredit, la plus heureuse. Dès son origine, au dedans et au dehors, les circonstances l'ont favorisée. Une fois sa guerre d'Indépendance terminée, elle n'avait plus d'ennemis. Rien à craindre, par conséquent, de la discipline militaire, si menaçante de tout temps pour les gouvernements démocratiques ; ni de la gloire, cette vieille ennemie de l'égalité. Sauf les germes de corruption inhérents à la nature humaine, rien ne faisait prévoir sa dissolution, même pour un temps éloigné. Elle a poussé plus d'un avorton pourtant, à côté de ce beau surgeon républicain !

Mais quel admirable champ pour une expérience des théories démocratiques ! La mer d'un côté, le désert de l'autre ; une terre neuve, fertile, qui donne au premier coup de charrue tous les grains et tous les fruits ; de nombreux troupeaux dans les campagnes, du gibier dans les bois, des poissons de toutes sortes dans les eaux : par conséquent, la vie facile et assurée ; dans le sein des montagnes, des mines d'or, de cuivre et de houille, et des réservoirs inépuisables de pétrole pour les besoins futurs du commerce et de l'industrie.

Point de guerre à prévoir, sinon avec les Indiens, guerre facile à éviter, si l'on cherchait à les gagner au lieu de les aigrir.

Quelle œuvre que d'élever à la civilisation les peuplades sauvages ! Comment n'a-t-elle pas tenté les Américains ? En mettant à part la conscience du devoir accompli, leurs soins auraient été bien reçus, bien payés. Attirés par la douceur, les Indiens auraient accepté la paix, cultivé la terre et fait avec le temps d'utiles citoyens. Ils auraient bien toujours valu certains vagabonds émigrants, l'écume de l'Europe, qui payent l'hospitalité des Américains en leur inoculant les erreurs et les vices du vieux Monde.

L'avenir trompa les prévisions des premiers temps. De grandes guerres sont venues. Au dehors avec l'Angleterre, l'Espagne et le Mexique ; à l'intérieur même, la terrible guerre de Sécession, du Nord contre le Sud. Avais-je tort de parler des prétentions de la gloire ? Les généraux vainqueurs, Adams, Munroë, Jackson, Grant, portés par l'enthousiasme populaire, ont pris place au fauteuil de la présidence. Qui peut dire qu'il ne s'en rencontrera jamais un assez grand, assez acclamé et assez ambitieux pour désirer un trône ? Nul ne songeait à ce danger lors de la conclusion de la paix en 1783. Les auteurs de la Constitution oublièrent d'y parer, et les présidents pourraient se perpétuer au pouvoir par des élections successives, sans l'exemple du premier élu qui, en refusant une troisième élection, a fixé l'usage de s'en tenir à deux.

C'est que, aussi, le danger n'existait pas alors ; l'enthousiasme pour la République était général, les mœurs pures, les goûts simples. La terre occupait le plus grand nombre des bras, il y avait à peine trois millions d'habitants disséminés sur un espace qui aurait suffi pour quarante. Peu de villes, sauf sur les côtes ; on tirait du sol les matières premières, et on laissait aux artisans d'Europe le

soin de les transformer : par conséquent, point de
grandes usines, point d'agglomérations d'ouvriers,
point de ces brusques mouvements d'opinion si
fréquents chez nous. Le mécontentement n'est-il pas
naturel à l'homme du dur labeur, exposé aux séductions des utopistes qui lui font espérer un bonheur impossible ?

Mais surtout, les Américains étaient religieux et
tenaient ainsi à leur patrie par le lien le plus cher
à l'humanité. Ils nourrissaient avec soin la foi fer-
vente pour laquelle leurs pères avaient traversé
l'Océan et fui au Désert. Leur christianisme in-
complet, mais sincère, leur enseignait le respect
de la loi émanée de Dieu. Contents du nécessaire
pour le corps, ne voulant du superflu que pour
l'âme, l'espoir d'un bonheur à venir les consolait
des misères du présent. Aussi, le Dieu dont ils réclamaient la Providence dans tous leurs besoins
publics et privés leur accorda-t-il le bien dont il
est le plus économe, un vrai grand homme : Georges
Washington.

Il y a des noms plus éclatants : César, Napoléon,
par exemple. Il n'y a pas eu d'homme plus complet. Les écrivains sont ordinairement réduits à
faire, de la vie des hommes célèbres, deux parts iné-

gales : l'une publique, toute glorieuse, qui fournit de belles pages à l'histoire ; l'autre privée, que l'on tient dans l'ombre. De Washington, il n'y a rien à cacher. Qu'on le considère comme chef de famille, ou chef d'État, ou chef d'armée, il est partout à sa place. Dévoué aux intérêts d'autrui, oublieux des siens, partout il se concilie le respect et l'affection par la justesse des vues, par l'énergie et la modération bienveillante de son caractère, modération qui n'ôtait rien à la vigueur du commandement.

Dans les assemblées délibérantes, la passion n'enflammait jamais sa parole. Il pensait et parlait juste et persuadait sans rhétorique, parce qu'il n'y a rien de persuasif comme le bon sens et la droiture d'un homme de bien. Sincère dans les négociations les plus délicates, il savait être prudent et habile, ne trompait personne et ne se laissait pas tromper.

Aurait-il su, comme Napoléon, mener plusieurs guerres de front ou faire manœuvrer cent mille hommes sur un même champ de bataille ? Je l'ignore. Mais je sais bien que le génie d'un général ne se mesure pas au nombre de ses soldats. Les armées de Turenne et de Condé contenteraient à peine aujourd'hui un général de brigade. Turenne n'avait pas vingt-cinq mille hommes dans sa fameuse campagne contre l'Électeur de Brandebourg, et nous ne voyons pas que la victoire de Sintzheim en soit moins glorieuse.

Sans mettre Washington au niveau de Turenne, disons qu'il savait, comme lui, deviner et déjouer les projets de l'ennemi, attaquer sans précipitation, reculer sans désordre. Même quand il semblait fuir, il épiait l'occasion de vaincre. A Tenson, par exemple, les Hessois payèrent cher leur folle sécurité. Au début de la guerre, il fut plus d'une fois battu, jamais supris, jamais découragé. Il s'es souvent trouvé dans de bien mauvais pas. A Valley-Forge, pendant un rude hiver, tout semblait désespéré : il ne se laissa pas abattre et sut relever le moral de ses troupes décimées, mal nourries, mal vêtues, mal payées, mais toujours confiantes en leur général. Sa constance fut, à la fin, récompensée. Il reprit peu à peu le dessus et, grâce, il est vrai, aux Français, ses auxiliaires, triompha sur toute la ligne et termina la lutte par la prise de Yorktown et la capitulation de lord Cornwalis avec toute son armée.

On peut se demander si c'est à son génie politique et militaire qu'il doit d'être, dans l'opinion

de tous, le fondateur et presque le patron des
États-Unis. Je ne le crois pas. Dans la guerre,
Gates, le vainqueur de Burgoyne à Saratoga, et
dans la politique, Franklin, Jefferson, Adams,
balanceraient sa réputation. C'est son désintéressement qui le met hors de pair, non pas le désintéressement d'argent qu'il ne faut pourtant pas dé-
précier comme vulgaire, je parle d'un désintéressement plus rare chez les grands hommes : le
désintéressement du pouvoir et de la popula-
rité.

Après la paix, son premier soin fut de licencier
ses troupes et de remettre au Congrès sa démission
de général en chef; puis il rentra, comme Cincin-
natus, dans la vie privée. Ses concitoyens ne l'y lais-
sèrent pas longtemps. Ils eurent besoin de lui, après
la Constitution votée, en 1789 : ils le voulaient pour
Président. Lui seul avait assez de sagesse et d'influence pour faciliter l'essai des nouvelles lois.
L'épreuve réussit, au contentement de tous : aussi
fut-il rappelé à la Présidence en 1793 et en 1797.
Mais il refusa cette troisième élection, soit qu'il
ne se crût plus nécessaire, soit qu'il craignît que
la perpétuité du pouvoir aux mêmes mains ne dé-
tournât l'attention de la patrie à son premier ma-

gistrat. Il fixa ainsi l'usage de s'en tenir à deux élections.

Au reste, ce n'est pas en flattant le peuple qu'il captait ses suffrages. Il veillait à ses intérêts sans s'inquiéter de ses caprices. Les doctrines nouvelles de France avaient passé l'Océan ; quelques-uns n'avaient pas assez de la liberté, ils songeaient déjà au socialisme. Washington n'hésita pas à les combattre et réussit à les arrêter. C'étaient assurément des novices en démagogie : ceux de France n'auraient jamais pardonné cette opposition. Les socialistes d'Amérique oublièrent leur échec et lui donnèrent leurs voix à l'élection présidentielle de 1797, puisque il obtint à peu près l'unanimité.

Cette simple esquisse suffit à expliquer le respect presque religieux des Américains pour Washington. D'au delà du tombeau, sa grande mémoire protège le pays qu'il a tant aimé et si bien servi. Son exemple fait encore loi, et la Constitution qu'il a fondée s'est maintenue jusqu'ici, malgré de cruelles épreuves...

II

QUÉBEC ET LA PROVINCE DE QUÉBEC

Et maintenant, quittons New-York, dont il serait prétentieux de tenter plus longuement une
centième description. Elle n'offrirait aucun intérêt
nouveau après des voyageurs qui l'ont étudiée sous
tous ses aspects, et qui y ont longtemps séjourné.

Je ne voulais, pour moi, faire qu'un court séjour
à New-York. Après une visite infructueuse à
Brooklyn, où je fus impuissant à trouver une
adresse, je me disposais à partir. Mais je voulais
revoir la jeune gavroche parisienne avec laquelle
nous avions fait la traversée. Je l'avais engagée,
puisqu'elle allait où le vent la poussait, à se rendre
tout d'abord à Montréal où, ne sachant pas un
mot d'anglais, elle pourrait au moins se faire comprendre. Elle était descendue dans un hôtel dont

le tenancier était indiqué, sinon recommandé, par les agences d'émigration. Je crois que, depuis, elles ont choisi d'autres correspondants. Et bien elles ont fait, car il m'a paru que ce fils des Abbruzes en usait un peu à son aise avec les émigrants naïfs, et les émigrantes ! Ils sont nombreux ceux qui exploitent dans les grands prix les nouveaux débarqués, avant de les expédier au Far-West.

... De New-York à Montréal on met généralement dix heures de chemin de fer. Je préférai prendre le chemin de l'école : il ne me fallut guère que trente heures !

Mais quel délicieux voyage ! Je pris le bateau de service de New-York à New-London, et, certes, c'est, dans un pays si riche en excursions et en beautés, une des plus charmantes journées qu'on puisse rêver. Le bateau, très vaste, très luxueux, avec son ornementation rouge, avec des galeries invitant au *far niente*, cotoye Long Island, courant entre deux allées d'ombrages. Les Américains, grâce aux distances énormes qu'ils ont à franchir, ont réalisé le maximum du confort.

Il n'y a dans ce bateau qu'une classe, ainsi que dans les chemins de fer. Ou plutôt je me trompe, il y en a deux. Seulement, la seconde, entre nous, est purement morale. J'aime bien tout voir, et je demandai où elle se trouvait.

— Là, me répondit-on avec un geste sobre.

— Comment ? Là ! où, là ?

« Là » était tout simplement la cale où s'emmagasinaient à ce moment les bagages et le frêt : caisses, malles, fûts, etc... De chaises ou de bancs, point. Le moins sybarite des humains doit reculer devant un voyage où il est convié à s'asseoir par terre. Aussi, tous les passagers payent-ils le dollar que coûte la « première » classe. Il faut ajouter qu'il s'agit là surtout d'un voyage de plaisance dont la clientèle est généralement indigène, et s'émiette aux divers arrêts.

L'après-midi était magnifique, puis le crépuscule, dans l'air tiède et le silence reposant, vraiment digne de ces soirées du Nouveau-Monde qu'a brossées la plume, je devrais dire le pinceau de Châteaubriaud. Jusqu'à une heure assez avancée, nous restâmes accoudés aux galeries extérieures, le regard errant sur le paysage qui se déroulait devant nous, sur les arbres qui se miraient dans l'eau bleue. Beaucoup de jeunes misses rentraient de New-York, gaies, coquettes, exubérantes, échangeant leurs impressions malignes sur les voyageurs.

A neuf heures, nous montions dans le salon élégamment décoré où sofas, fauteuils, vis-à-vis, divans, s'offrent au passager. Des cabines assez semblables à celles de nos grands établissements de bains et s'ouvrant sur le salon offrent leur discret abri à ceux qui désirent se reposer.

Nous stoppions vers une heure du matin à New-London. Le train devait partir à 4 heures. Nous avions donc quelques loisirs. Mais il m'était impossible de dormir, encore moins de demeurer immobile. Je sortis dès que l'aube se montra et allai me promener sur la berge d'un petit cours d'eau ombreux qui me rappelait nos mille ruisseaux joyeux du Dauphiné.

A 4 heures, le train entrait en gare, et je partais vers l'ouest, quittant l'Atlantique pour aller aux eaux paisibles du grand Pacifique.

On a vingt fois décrit les chemins de fer américains. Un peu avant mon départ de France, j'allais à Marseille et j'avais trouvé dans le train de Paris un jeune Anglais avec sa mère. Le fait étonnera peut-être : nous liâmes conversation sans avoir été *introduced*. Et comme je parlais de mon prochain voyage, ils me mirent très chaudement et très courtoisement en garde contre l'eau glacée qu'on boit partout en Amérique.

Ces recommandations me revinrent à la mémoire devant le réservoir ventru dans lequel, à diverses stations, on jetait d'énormes blocs de glace. On passe en effet le voyage à boire de l'eau dans la coupe attachée à la fontaine. C'est la « Wallace » ambulante.

Les wagons étant coupés par un couloir central, les fauteuils n'ont guère que trois places, mais ils sont mobiles. On peut n'être jamais à rebours, s'isoler si l'on est seul, se grouper si l'on voyage en famille.

Cette unique classe est sans doute confortable — et aussi égalitaire. Mais pour des trajets comme ceux de là-bas, il y avait mieux à trouver. Le principe d'égalité est sauvegardé, car il n'y a toujours qu'une classe, mais voici les pulmann's, lesquels sont d'ailleurs relativement bon marché, et réunissent toutes les exigences du confort. C'est notre wagon-salon européen, ingénieusement imaginé par M. Pulmann, qui lui a laissé son nom.

On médit fort de notre système français de chemins de fer à compartiments. A divers points de vue, le système américain est incontestablement de beaucoup supérieur, et nos grandes lignes l'ont adopté — avec les ménagements que comporte le tempérament français. Car tous ne vont pas en Pullmann, et quel supplice, ces wagons où vous demeurez plusieurs jours de suite une cinquantaine buvant, mangeant, dormant ! En France on est trop calfeutré. Mais il y a une mesure en toute chose : il est souventes fois bien agréable d'être un peu isolé et la nuit, après avoir baissé son rideau, de dormir à peu près tranquille — même en troisième à présent.

La chaleur était étouffante ce jour-là. Les voyageurs allaient et venaient, se succédant à chaque station, d'où un continuel vacarme. Comme là-bas c'est en général, en dehors des grandes gares, le chef de train qui délivre les billets, il en résulte une promenade incessante et un contrôle qui finit par être désagréable, surtout si vous ne mettez pas votre ticket au chapeau. J'en puis parler, ayant voulu vivre de la vie du voyageur, et non du touriste.

Pendant tout le parcours, il circule des marchands de fruits, de gâteaux, et aussi de journaux et de livres, souvent un boy de 7 ou 8 ans... J'avais assez à faire d'admirer ce beau pays avec ses maisons de plaisance, ses villas, ses cottages en bois peint de teintes multicolores et encadrés d'arbres ombreux. Mais toute médaille a son revers. Par exemple, quel cauchemar que les États de tempérance ! Nous en traversions un. « Que la vie doit être ici facile ! » me disais-je, oubliant à quel point ces libres Yankees poussent en certaines contrées la sobriété obligatoire.

Depuis le matin, la chaleur était suffocante et nous étions terriblement altérés. Nous avions épuisé nos provisions. Restait la Wallace, mais un digestif ne devait pas faire de mal.

A Bellow Falls, je crois, ou à White River, je descendis pendant l'arrêt, et me mis en quête d'un peu de vin et d'une goutte de rhum. Pauvre de moi ! Je fus regardé comme un simple ivrogne par le pharmacien auquel je m'adressais. La discussion fut longue. J'obtins finalement, après des prodiges de dialectique... une bouteille de lait et quelques gouttes d'alcool. Mais j'avais été contraint de transiger avec la conscience du farouche tempérant. Je dus lui certifier que j'étais indisposé, parapher ma déclaration et y souder mon nom et mon adresse — problématique.

En remontant dans le train, où un pick-poket malhonnête mais naïf avait fait main basse sur un porte-monnaie vide laissé par un voisin, un voyageur subtil me dit :

— Si vous aviez été dans l'arrière-boutique, seul, hors de toute oreille indiscrète, avec le garçon qui est généralement docteur en médecine ou à peu près, vous auriez obtenu tout ce que vous auriez demandé... seulement on sauvait les apparences.

Allez donc médire de Paris !

Après une journée de chaleur torride, nous avions hâte d'arriver à Montréal... Il advint que le soir, aux dernières stations de Saint-Jean, de Saint-Lambert, etc., le train fut envahi par une foule d' « habitants » bruyants et lancés, tout comme s'ils revenaient de Suresnes. Ils n'ont pas du petit picolo, mais le wisky le remplace avantageusement. Il devait y avoir le lendemain quelque réunion à Montréal. Cette fin de voyage fut, ma foi, un véritable *carcere duro*. Nous étions empilés, serrés « comme des anchois », ainsi que dit la chanson des Boussignol. On ne s'entendait pas. Les interruptions volaient d'un bout des wagons à l'autre, les enfants criaient. L'arrivée à la gare de Windsor fut un soulagement. Nous étions dans la ville la plus peuplée de la province de Québec :

Montréal, la cité des affaires. Nous foulions la Puissance du Canada.

Outre qu'une nuit de repos était bien gagnée, nous devions forcément nous arrêter, les trains ne partant pas le dimanche. Je descendis à un hôtel dont l'aspect, fort engageant, et le nom, me rappelant un des hôtels les plus connus de Paris, m'avaient séduit. N'allons pas plus loin ! Sa bonne allure et ses promesses de confort étaient un simple mythe. Je commençai par n'y pouvoir trouver à dîner. Mais je ne suis pas difficile. Je me rabattis sur le lit et m'allai coucher. Il est bon de ne pas avoir l'estomac trop chargé !

Dès le dimanche matin nous étions sur pied.

Je m'étais chargé à Paris d'un paquet pour un Français occupant une situation à Montréal. Je demandai la rue à une laitière qui passait en voiture.

— La rue Sherbrooke, Monsieur, me répondit-elle. Tu vas prendre la rue à droite, puis à gauche, ensuite...

Elle continua du haut de son siège à prodiguer les explications, et elle conclut :

— Tu comprends bien, n'est-ce pas, Monsieur ?...

Je la remerciai fort, mais je me crus un instant à Bruxelles en Brabant. Nous trouvâmes la rue après une longue course et je remis mon paquet au domestique. Le destinataire était en villégiature. C'était son droit. Je lui laissai ma carte. Pour être juste, je dois ajouter qu'il ne m'adressa même pas un mot de remerciement. Apportez donc d'Europe en Amérique un colis à un monsieur...

Nous étions donc au Canada, ou plutôt en Canada. Nous foulions ce sol qui fut nôtre. Et je me rappelai le mot de François Ier lorsque, en 1534, il envoya Jacques Cartier qui découvrit la nouvelle France :

— Quoi ! le roi d'Espagne et celui de Portugal se partagent tranquillement entre eux le nouveau monde sans m'en faire part ! Je voudrais bien voir l'article du testament d'Adam qui leur lègue l'Amérique.

C'est là une formalité dont l'humanité ne s'est jamais beaucoup souciée — et ne se soucie guère encore aujourd'hui... Mais le mot de François Ier n'en était pas moins pittoresque. Et j'y pensais en débrouillant un itinéraire sur les « time-tables », l'Indicateur Chaix de là-bas, — une façon comme une autre de passer le dimanche, d'une tristesse morne, comme dans Albion.

Deux lignes de chemin de fer relient Montréal à

Québec, la vieille capitale, outre le service estival par le Saint-Laurent. De ces deux voies ferrées, l'une, le Canadien Pacifique, côtoie sur tout son parcours la rive gauche du grand fleuve, par la ville de Trois-Rivières ; l'autre, le grand Tronc, suit la rive droite, mais s'en éloigne par un angle très ouvert, pour la rejoindre à Levis, alors son point terminus où il se soudait à l'Intercolonial. Je pris le grand Tronc. Les paysages, d'abord charmants, brusquement disparaissent substituant aux magiques panoramas d'hier celui d'un pays tout aussi admirable, mais encore peu habité. La transition est brusque du sol américain, riche, au sol canadien, peu peuplé. Au reste, ceci ne saurait à la réflexion surprendre outre mesure ni décourager. La province de Québec, dans laquelle nous entrons, est plus grande que la France et ne compte que douze ou treize cent mille âmes. Ces vastes espaces seront bientôt mis en œuvre et le jeune Canada n'aura rien à envier aux États-Unis.

Le contraste n'en est pas moins frappant, encore que l'ensemble accuse l'effort de la mise en valeur. Quelques stations offrent de l'intérêt.

Mais en revanche, lorsque on revient au Saint-Laurent, alors l'horizon prend un caractère qui ne le cède en rien à tout ce que nous avons pu admirer. Les montagnes dessinent leurs déchirures. Et tout à coup, le fleuve s'élargit en une nappe d'argent moiré de 15 kilomètres, de 35 plus loin, devant l'île d'Orléans. Un rocher à pic se dresse, au haut duquel flotte altier, hélas ! le drapeau britannique.

C'est Québec, la cité chenue, la vieille ville de Montcalm qui y repose aux champs d'Abraham côte à côte avec Wolfe.

Pendant que le C. P. R. — prononcez *Cipiar*, autrement dit le Canadien Pacifique, arrive au cœur de la ville, le grand Tronc, je l'ai dit, se soude en face, de l'autre côté du fleuve, à la ligne venant d'Halifax par la Nouvelle-Écosse. Pour gagner Québec, en attendant que le pont gigantesque, dont la construction a été si malheureusement arrêtée, joigne les deux rives, il faut prendre un ferry-boat qui traverse le fleuve, resserré à cet endroit puisqu'il n'a que 12 kilomètres environ de largeur, avec en revanche de 70 à 75 mètres de profondeur. Quel merveilleux fleuve que ce Saint-Laurent ! Et comme il fait pâlir tous nos plus beaux cours d'eau d'Europe ! Après avoir coulé sur une largeur de 180 kilomètres, il descend à 50, puis se resserre davantage à Québec. De là, se dirigeant vers l'Atlantique, il reprend ses proportions colossales. Pendant l'hiver, c'est un immense champ de glace que la débâcle ouvre, en avril, à la navigation. Alors, jusqu'à novembre, les steamers le remontent jusqu'à Montréal, à 800 kilomètres de l'Océan. A partir de Montréal, il a fallu, pour en assurer la navigabilité, une série de canaux et d'écluses, tournant, sur un parcours de 130 à 135 kilomètres, les obstacles accumulés par la nature : rapides, chutes, etc. Et c'est ainsi que les paquebots s'en vont aux lacs Michigan et Supérieur, à Chicago, à 800 lieues de l'Atlantique, sensiblement à moitié chemin de l'Océan Pacifique.

Le Saint-Laurent possède des affluents dignes de lui : l'Ottawa, le Saint-Maurice, le Richelieu, le Saguenay, tous aussi considérables, comme volume d'eau, que le Rhin ou le Danube. Le Saguenay, plutôt un gouffre profondément encaissé qu'une rivière, traverse la chaîne des Laurentides, avec leur encadrement de falaises abruptes, sur cent kilomètres de longueur.

C'est par le Saguenay et le Saint-Laurent qu'on peut se rendre pendant l'été au lac Saint-Jean, un des environs intéressants de la colonisation québecquoise. Situé au nord-ouest de Québec, à un peu plus de 100 kilomètres, le lac Saint-Jean a un contour de 120 kilomètres et reçoit de son côté dix-huit rivières. Un chemin de fer relie également Québec au lac, traversant un pays de toute beauté, courant dans les Laurentides, rencontrant chutes, cascades, vues admirables. A noter le merveilleux écho de Saint-Charles. Les chutes du Niagara écrasent par leur renommée toutes leurs rivales... Elles en ont pourtant. A Québec on en trouve trois fort intéressantes dans un rayon de 12 à 15 kilomètres : les chutes Montmorency tombant de 80 à 100 mètres de hauteur, la Chaudière de 50 mètres, Lorette de 100 mètres environ.

Ce n'est pas sans une émotion intense qu'on lève les yeux sur le pavillon anglais dominant le cap Diamant, et que l'esprit évoque un passé endeuillé. Ah ! ces « quelques arpents de neige » dont Voltaire demandait l'abandon de compte à demi avec Mme de Pompadour...

Québec offre, avec Montréal, un contraste absolu. Montréal, bâtie sur deux îles, privée de toute ondulation de terrain, aux rues larges s'ouvrant sur la vaste plaine, demeure infiniment plus favorable au développement commercial que Québec, resserrée, montueuse, âpre, gênée dans son expansion.

Quand, à Montréal, on longe le Saint-Laurent et le port, sur le quai des Commissaires, on a le spectacle animé du mouvement incessant des navires, ouvrant leurs vastes flancs pour charger et décharger leurs cargaisons ; aussi bien, c'est en même temps une ville agréable où la vie est facile, les relations aimables. On ne saurait mieux la comparer qu'à Bordeaux.

Tout autre est Québec. Radieuse à voir de la rive, imposante et fière, l'accès en est moins attrayant. On débarque dans la Basse-Ville, aux rues étroites, boueuses, pavées à la diable, que surplombent la citadelle et la Haute-Ville. On gravit le *Mountains Hill*, fort âpre, pour arriver à la poste. Là, s'ouvrent deux grandes artères, où se trouvent les cathédrales catholique et protestante, l'Université Mac Gill, l'Université Laval, puis la rue Saint-Jean qui va mourir à la porte de ce nom (Saint-John's Gate). Dans cette rue se trouvent les magasins de détail. La porte Saint-Jean mène au plateau balayé par le vent où a été construit le palais du gouvernement provincial : un bâtiment de pierres fort heureusement compris.

Dans la Basse-Ville, les rues Saint-Paul, Saint-

Pierre, etc., bordant le fleuve ou le port, renferment les boutiques des gros commerçants, les changeurs, les banques.

Elle se dresse fière sur son roc altier, la vieille cité québecquoise. La devise provinciale est : *Je me souviens*. Québec a pris pour elle celle parlante aussi de : *Natura fortis industria crescit*... Quoi qu'elle fasse cependant, ses « moutons » ne seront jamais les « loups » de Montréal, mais son lot est encore admirable et fort enviable, de la primauté du goût et de la vie intellectuelle. Elle demeurera l'Athènes canadienne, en face de la métropole commerciale fière, de ses richesses et de ses 300 000 habitants, comparés aux 80 000 de Québec.

En arrivant par le ferry-boat de Lévis, c'est la terrasse Frontenac, ou Dufferin, comme disent les Anglais, qui, pendant le quart d'heure de traversée, attire le regard et fascine la pensée. Rocher à pic, la terrasse Frontenac offre le panorama le plus idéal qu'on puisse imaginer. Devant, le Saint-Laurent ; sur l'autre rive, Lévis et ses hauteurs fortifiées ; la pointe Levy ; Saint-David de l'Aube-rivier ; à gauche, le cap Diamant, la citadelle ; à droite, la grande Batterie, l'île d'Orléans, l'embouchure du Saint-Charles dans le Saint-Laurent, et

au loin l'échancrure de la cascade de Montmorency, la côte de Beaupré, le cap Tourmente, la
chaîne des Laurentides...,

La terrasse elle-même est à 60 mètres au-dessus
du niveau de la basse ville et de la rue Dauphine
qui la borde. Elle a 500 mètres de longueur. Le
cap Diamant, son proche voisin, a une hauteur de
100 mètres.

Le Jardin du Fort domine, au centre, la terrasse
avec l'obélisque érigé à la mémoire de Wolfe et
Montcalm dont l'inscription est connue :

Mortem virtus communem
famam historia
Monumentum posteritas dedit

La terrasse Frontenac occupe l'emplacement du
vieux château Saint-Louis, élevé par Champlain
aux premiers jours de la colonisation, pour servir
tout à la fois de résidence aux gouverneurs du
Canada et de rempart contre les incursions des
sauvages et les agressions des Anglais. C'est de là
que Frontenac répondit aux envoyés du général anglais Phips, venant le sommer de rendre les forts :

— C'est par la bouche de mes canons et à coups
de fusil que je répondrai à votre maître.

Au xviiie siècle, la citadelle était une forteresse flanquée de deux pavillons saillants, avec une galerie et trois batteries de canon battant la rade jusqu'à l'île d'Orléans. Ces anciennes fortifications avaient été construites d'après les plans de Vauban par l'ingénieur de Léry, dont le nom revient souvent dans l'histoire de la conquête. Elles furent démolies par le gouvernement anglais et reconstruites vers 1823 avec les formidables murailles actuelles, fossés, casernes, etc., sur des plans inspirés, ou approuvés, par Wellington. Elles coûtèrent, m'a-t-on dit, 175 millions de francs.

Dans le prolongement du plateau de la Citadelle, après avoir franchi la porte Saint-Jean, dans la direction des plaines d'Abraham, on trouve le Palais ou, comme on dit là-bas, les « bâtisses » du Gouvernement.

Ce palais a bel et noble aspect, avec son pavillon central et ses deux pavillons de côté dans le genre renaissance. Des niches sur la façade attendent les statues des grands hommes du Canada : Jacques Cartier, Champlain, Maisonneuve, fondateur de Montréal, Laviolette — un nom parfumé de xviiie siècle — fondateur de Trois-Rivières, Boucherville, le jésuite de Brébeuf, le recollet Viel, noyé par les sauvages dans la rade appelée aujourd'hui Saut du Récollet, Mgr de Montmorency-Laval, premier évêque de Québec, Olier, fondateur de Saint-Sulpice... Les statues de Wolfe, de Montcalm, de Frontenac, de Lévis sont déjà installées. Lévis est représenté brisant son épée plutôt que de la rendre. Je veux nommer encore lord Elgin et Salaberry. Elgin qui, de la famille de Robert Bruce, écrivait un jour qu'il avait un cœur français dans une poitrine écossaise, et dont la devise : *fuimus*, est bien mélancolique ; Salaberry, enfin, qui avec trois cents Canadiens mit en déroute à Châteaugay 8000 Américains commandés par Hampton.

Au-dessus de l'entrée principale du palais, l'écusson de la province avec la devise : *Je me souviens !* Enfin des cartouches redisent les noms et les armes des gouverneurs du Canada.

Ce serait donner à ces notes l'allure d'un guide que de faire une énumération plus détaillée. Je veux signaler cependant dans cette documentation par la pierre, où la France revit à chaque pas, quelques armes et devises sur les rampes des escaliers : celles du marquis de Lorne, gendre de la reine Victoria : *Ne obliviscaris ;* de lord Lansdowne :

Virtute, non verbis ; et celles des lieutenants-gou-
verneurs de Québec : *Je veille ; suaviter in modo,
fortiter in re* ; *hœc manus ob patriam* ; *à ciel ouvert* ;
Dieu aydant ; *par droicts chemins,* toutes devises
parlantes — et parlant haut.

Jacques Cartier, le premier « découvreur » du
Canada, a son monument à Québec, inauguré par
souscription publique en 1889. Ce monument est
placé au confluent des rivières Saint-Charles et
Lairet, sur une légère élévation d'où la vue dé-
couvre un vaste horizon. C'est là que Jacques Cartier passa l'hiver de 1735, entre deux ennemis : les
maladies et les sauvages non moins dangereux. Il
y perdit vingt-cinq de ses compagnons.

Le monument se double d'une croix, souvenir de
celle que fit planter Cartier en 1536 avant son retour en France : une cippe antique de 10 mètres de
haut. Sur une des faces :

« Jacques Cartier et ses hardis compagnons, les
marins de la *Grande Hermine,* de la *Petite Hermine*
et de l'*Émerillon* passèrent ici l'hiver de 1735-1736.»

Cette croix portait l'écusson fleurdelisé et l'inscription : *Fransciscus primus, dei gratia, franco-
rum rex, regnat.*

Québec, qu'on pourrait appeler le Gibraltar de

l'Amérique, et qui s'avance sur le Saint-Laurent comme pour prendre possession de ses ondes, est certainement placée dans une des positions les plus remarquables. Stratégiquement, elle devait être imprenable ; et il fallut, en 1755, une négligence comme l'humanité n'en fut jamais exempte, une de ces minimes causes produisant de gros effets, pour permettre à l'armée de Wolfe d'escalader le cap Diamant et de venir inscrire dans l'histoire la page admirable qu'y a écrite la bataille d'Abraham. Je n'oublierai jamais l'émotion qui m'a étreint quand j'ai, avec l'abbé Casgrain, l'historien du Canada, refait pas à pas ce chemin où sombra la Nouvelle France.

Je le redis encore : Il est peu de panoramas plus magiques que celui dont on jouit du haut de la citadelle et de la terrasse Frontenac, la perle de Québec. Les soirs d'été, devant le ciel piqué d'étoiles qui illuminent le Saint-Laurent, la musique d'artillerie vient y jouer. Accoudez-vous et rêvez. Le rocher tombe à pic perpendiculaire sur le fleuve et resserre la basse ville en une seule rue étroite, la rue Champlain.

Du côté du Fort, même situation. Il faut escalader des rues en lacet pour arriver à la haute Ville.

Le port de Québec a beaucoup souffert, et de la concurrence de Montréal et de causes diverses. C'est fort regrettable : il faudrait — et l'on s'est mis à l'œuvre — un vigoureux effort pour rendre la vie à une rade superbe, très vaste et bien aménagée. Longtemps, les querelles politiques n'ont guère laissé le temps de s'occuper de ces choses. Somme toute, Québec demeure une ville intéressante, attrayante par son passé et les souvenirs dont elle est imprégnée, mais ville un peu stationnaire. Elle est en train de prendre une magnifique revanche par les initiatives qui s'y donnent jour.

Si les étés sont forts chauds, en revanche les frimas y manquent de clémence. Il est très vrai que le froid est sec ; il n'en reste pas moins cruel. La neige monte à plusieurs mètres et le thermomètre descend à 20 ou 25 degrés. Mais les Canadiens sont entraînés, ils défient l'hiver, — qui est la saison des plaisirs. Seulement, comme partout, les plaisirs sont surtout le lot des heureux. Tout est blanc, la neige est amoncelée de chaque côté des rues et l'on vaque à ses affaires, coiffé du « casque » de loutre ou d'astrakan qui couvre les oreilles : c'est un paysage polaire. Beaucoup de pittoresque du reste. Rien n'est plus joli à Montréal que ces traîneaux

aux chevaux portant des clochettes argentines, les lourdes fourrures, les « robes doubles » débordant de chaque côté et balayant la neige. C'est la ville, il est vrai : autre chose est la cité, autre chose est la plaine nue et solitaire. Et puis, il faut avoir des poumons solides pour vivre ces hivers quand on n'est pas entraîné.

Les maisons, il est juste de le dire, sont autrement chaudes que les nôtres. Bâties en vue des froids rigoureux, elles ont des doubles fenêtres qu'on pose en novembre et le chauffage y est bien entendu.

Un tel hiver crée la nécessité d'amasser des provisions pour longtemps. Aussi, en novembre, entasse-t-on dans la cave légumes et viande, conservés dans la glace, pour attendre avril, le retour des beaux jours. La réserve revient à bon marché, à 15 centimes la livre environ.

Dans un pays à la population encore aussi clairsemée, la vie est facile naturellement et peu coûteuse, même dans les agglomérations. Vous payez la viande en moyenne 25 centimes la livre — la livre anglaise de 480 grammes. Quand on arrive de Paris, ce chiffre est séduisant. Mais ne vous attendez pas à avoir de la viande « parée » comme les bouchers la savent apprêter en France. Il faut acheter un quartier et prendre la viande telle quelle. C'est pour cela sans doute que la coutume est là-bas pour les hommes de moyenne condition d'aller au marché. Je m'y suis rendu quelquefois vers 5 heures du matin. Et je rencontrais le sexe fort portant sur les épaules, qui un demi-mouton, qui un quartier de bœuf. Le veau n'existe à peu près pas. Un lièvre se vend 75 et la perdrix 15 ou 20 centimes. Avis aux fabricants de conserves, il y a là une fortune. Quant au pain, il est encore anglais. Ce n'est pas du pain, du bon pain de blé, mais de la brioche. Ah! le pain bis ou blanc de France!

Les environs de Québec sont charmants. L'île d'Orléans, en face, au nord, qui projette ses ombrages touffus où se mire le cap Diamant, est une promenade suivie, une façon de Bois de Boulogne. Une narration de 1751 dit que Jacques Cartier, en 1535, la nomma l'île de Bacchus, parce qu'elle était remplie de vignes sauvages. Les chutes Montmorency, plus loin, le lac Saint-Jean aux pêches miraculeuses, attirent le touriste. Le lieu le plus fréquenté est le sanctuaire de N.-D. de Beaupré, le grand pèlerinage canadien. J'y allai un dimanche,

c'est une promenade agréable aux beaux jours.
N.-D. de Beaupré n'est qu'à 12 kilomètres de Québec. La foule s'écrasait dans l'église chargée d'ex-
voto les plus variés. Le sanctuaire est assez intéressant au point de vue artistique, et projette sur
le paysage deux flèches élancées. Le village forme
une longue rue resserrée entre la voie ferrée et de
vertes et aimables collines. Après la messe, je
voulus déjeuner. Toutes les maisons, comme à
l'ordinaire dans les lieux de pèlerinage, avaient
table d'hôte. Pas cher, 25 cents — alias 1 fr. 25...
D'abord, l'invariable plat anglais, les œufs au jam-
bon, puis un beefsteak, le tout arrosé de thé, de lait
ou d'un café un peu... léger. Je préférais le lait.
Encore, s'il y avait eu moins de mouches ! Je pensais là à nos blancs cafés et à nos luxueux restau-
rants de France.

Les choses changent d'ailleurs. Présentement, il
est des hôtels aussi confortables qu'on le peut désirer... Et je ne saurais oublier non plus les sou-
pers aux huîtres, où l'on ne mange que des huîtres... C'est le dernier mot de l'hospitalité canadienne.

C'est en somme grâce à leur énergique volonté, à
leur force de résistance, à leur indomptable téna-

cité, à leur prodigieuse fécondité aussi que les Canadiens français, après un siècle de luttes et de souffrances — car la métropole anglaise leur fut dure de longs jours, — sont arrivés à reconquérir leurs droits et à en imposer le respect.

Mais cela ne va pas sans heurts ni mécomptes. L'Anglais se tient pour le premier peuple du monde. D'un autre côté, les Canadiens n'ont pas été encore entraînés par un assez long exercice de la liberté et du pouvoir. Il y a des chocs. L'élément anglais, partant protestant, qui domine dans le reste de la Puissance, ne se voit pas sans amertume tenu en bride par une province d'un autre culte et d'une autre race. Ce n'est pas sa faute si son idéal, l'union législative, qui serait l'absorption de la minorité et de l'élément catholique, n'a pas remplacé le système actuel. Il convient, là, d'admirer sans réserve la ténacité des Canadiens français, indomptables et toujours debout.

En pénétrant sur ce sol, devenu au demeurant bien anglais sous beaucoup de rapports, — je ne parle pas du loyalisme, — on sent du moins l'influence des traditions françaises dont il a gardé la mémoire et dont il évoque toujours le souvenir. Le Canada aime toujours la France, mais trop de

braves gens y vivent, depuis vingt-cinq ans, sur
cet incident ou cet accident, qu'un lot de commu-
nards y débarqua en 1871 et y déprécia les frères
de l'autre côté du « grand lac ». C'est du moins ce
que quelques-uns m'ont dit. Mais j'ajoute que
beaucoup protestent contre cette affirmation et dé-
clarent n'avoir jamais songé à reprocher ces voyageurs à la France. Je devais noter cette protesta-
tion.

N'importe! on entend le français, et c'est une
vraie jouissance quand on arrive de New-York.
Dans les églises on se peut croire sur la vieille terre
gauloise. Le 15 août, j'entrais dans la basilique
de Québec, un monument blanc et or, sans grand
caractère artistique. L'archevêque officiait. Mais,
que jouaient donc les orgues? *Lucie de Lamermoor*.
Au septuor, succédèrent les *Huguenots*, et la béné-
diction des poignards coïncidait avec la commu-
nion. En France, nous trouverions cela profane et
la vision de l'opéra viendrait aussitôt à l'esprit. Là,
rien de semblable. Et tout était bien en situation.

La province de Québec est naturellement, dans
toute la confédération, celle qui nous intéresse le
plus, nous autres, parce que la population d'origine
française y constitue la grande majorité.

Une dame que j'allais saluer me disait :

— Voyez-vous ! un Français va tout d'abord, naturellement, à ceux qui parlent sa langue.

Or, le peuple, à Québec, ne parle guère que le français, avec — par parenthèses — un accent picard et normand tout atavique. Les classes lettrées connaissent généralement les deux langues. Un Canadien me disait : — « Je parle toujours français, mais je pense toujours en anglais. » L'élément anglais, par contre, malgré les adjurations de ses propres journaux, met une certaine mauvaise humeur à apprendre le français. Orgueil de conquérant ! Par exemple, le français de la rue, tout comme celui de la tribune, du barreau et de la presse, est un français *sui generis*, hérissé d'anglicismes déconcertants. De tout cela naît une langue un peu spéciale. Dans la masse, on ne vous parlera pas d'un épicier, mais d'un *grocer*, et j'ouïs un jour, dans un magasin, une jeune ouvrière demander comment il fallait « facer » (prononcez fesser) une robe. *Face*, en anglais, signifie doubler. La langue politique offre les mêmes anglicismes. Ainsi, je lis dans un journal que « le lieutenant-gouverneur semblait avoir quelques sympathies pour les idées qu'*avocassait* le premier ministre ». Quant aux ministres,

5*

ils ne sont pas des conseillers pour le pouvoir, mais des « *aviseurs* ».

Et ainsi partout. Vous avisez, à votre tour, sur votre chemin, un écriteau : « Maison peinturée à louer ». On m'a dit que c'était une expression du grand siècle et qui rend bien la nuance entre peindre un tableau et peindre une maison. Au reste, les Canadiens affirment qu'ils parlent la langue du xviie siècle.

Un magasin s'excuse d'avoir manqué de certains articles : « Nous faisons, dit-il, apologie aux dames ». « Tous nos comptoirs fourmillent de *bargains* », dit le voisin. « Pas un seul *item* qui n'ait subi une réduction de prix », constate un troisième. Quant au quatrième, il a fait des affaires en marchandises « qui se lavent ». « Cette vente a eu un succès *épatant* »... Ça, ce n'est pas du grand siècle, mais bien du pur argot du xxe.

Et je vois un programme de musique signé : le chef de bande. Il faut savoir l'anglais pour comprendre que *band* veut dire musique. Le mot est à sa place dans un programme anglais. En français j'aime autant : chef de musique.

La réclame au Canada se ressent du voisinage des États-Unis, le royaume de l'annonce ; elle la suit d'assez loin cependant. Elle revèt les formes de rédaction les plus cocasses comme style et y mêle les anglicismes dont j'ai déjà parlé.

Et c'est ainsi que je lis ces annonces :

« Je désire acheter — paiement *cash* (au comptant) »...

« On demande un *driver* (cocher) expérimenté »...

« A vendre une *shop* de barbier »...

Les magasins de nouveautés, je veux dire de « marchandises sèches » (dry goods) ont le record de l'annonce : « Halte ici ! Hoa hé ! Par ici, tout le monde ! regardez ! crie X. » — « C'est le temps de la saison, clame l'autre, allons à la campagne pour la belle saison... Que Monsieur voie à ses habits, etc., que Madame s'assure que sa garde-robe soit suffisamment pourvue. Le stock est complet : le père, la mère, les jeunes demoiselles et jeunes messieurs peuvent s'habiller en cinq minutes en allant droit chez... »

Par contre, il y a des expressions voulues et bien voulues, précisément pour garder la langue française.

Un wagon est un char, et c'est sciemment que les Canadiens emploient ce vocable. M. Ernest Gagnon, qui est un lettré charmant, m'a expliqué cela d'une façon très heureuse et très humoristique :

— En somme, notre char est ce que vous appelez un wagon ou une voiture. Or, voiture a un sens trop général et, quant à wagon, nous n'en voulons pas. Nous n'en voulons pas, parce que nous luttons pour notre langue, et que, si nous consentons à introduire des mots anglais, la bataille est perdue pour « le doux parler de France ». Il n'y a pas fort longtemps que nous nous sommes décidés à dire *rail* pour lisse. Mais nous ne substituerons jamais le sleeping à notre char dortoir, et je préférerais bien pour moi me rompre le cou que de demander au mécanicien de *stopper* pour arrêter sa locomotive.

Il est juste de dire que de très louables et très persévérants efforts ont été faits par quelques-uns pour épurer la langue des anglicismes. Mais l'air ambiant est toujours là. Et dans un siècle, il naîtrait, de cette fusion, un idiome qui, finalement, ne serait ni du français, ni de l'anglais, si une puissante association ne défendait en ce moment la vieille langue mère. Elle a droit à un hommage mérité. Sans elle, peut-être verrait-on la décadence de notre langue.

Les études particulières viennent s'ajouter aux

efforts de cette société, et des hommes de labeur
publient des travaux qui disent leurs recherches
minutieuses, leurs investigations et leur amour du
pays natal.

J'ai sous les yeux une sorte de monographie des
principales familles canadiennes, toutes au nom
sonnant crânement le français. J'en ai cité déjà.
Je veux encore nommer les d'Entremont qui habitent la Nouvelle-Écosse où ils ont fièrement
accroché aux annales de cette île le nom que porte
encore chez nous une famille de même berceau
que le mien : dans ce coin de terre à la fois savoyard
et dauphinois, qui joint deux familles allobroges.

Quant aux noms de lieux, ils continuent à ré-
sonner en notre langue. Après la cession, l'Angleterre essaya de répandre partout des noms britanniques, ce qui était un moyen de plus d'affirmer la
conquête. Et les noms anglais sonnèrent longtemps
aux oreilles. Mais le bon sens a repris ses droits.
Et l'on baptise présentement comtés, villes, cantons ou paroisses de noms bien français. On se
défend, on restitue les vieux noms, et Kingsburg
redevient Villeroi...

Ce souci n'est pas nouveau au reste : Dès les
premiers jours de la conquête, les Canadiens, nous

apprend l'auteur anonyme de la relation dont j'ai parlé plus haut, conservaient le cœur français et « le manifestaient trop ».

M. Israël Tarte, mort depuis ministre sous le cabinet Laurier, et qui acheta, je crois, la *Patrie* de Montréal de son fondateur, M. Beauregard, dont ses fils ont fait un organe très vivant, avait admirablement compris et exposait fort heureusement la nécessité des deux langues chez un peuple comme le peuple canadien.

— Comment pouvons-nous, disait-il, voir régner l'harmonie politique entre les deux provinces, quand les rédacteurs des grands journaux de l'Ontario sont incapables de lire les grands journaux de la province de Québec? Notre province restera un livre fermé pour l'Ontario, jusqu'à ce que vos rédacteurs puissent lire nos journaux.

Et cela confirme pleinement ce que je dis plus haut. La population des villes, dans la province de Québec, apprend l'anglais, ce à quoi elle n'est pas rigoureusement tenue, puisque les Français y sont la majorité. Mais c'est qu'elle comprend les immenses avantages de la possession des deux langues dans la situation spéciale du Canada.

Cette mauvaise humeur à l'endroit du français

pourrait s'expliquer chez la population d'Ontario par exemple, en grande majorité anglaise. Mais dans la province de Québec, elle ne se justifie pas dans l'élément anglais, minorité qui devrait, au seul point de vue de ses intérêts matériels, comprendre de quelle utilité serait pour elle la connaissance du français. Et au point de vue moral, combien de rivalités, de rancunes s'apaiseraient!

Il est vrai qu'on enseigne le, ou, pour mieux dire, du français dans les écoles anglaises de Montréal. Mais que vaut cet enseignement? Je n'en veux pas médire. Je me bornerai à ceci : on m'a cité des cas où le cours de langue française est fait, à l'aide de manuels, par des institutrices qui n'ont pas la moindre notion de sa prononciation. Or, prononcez notre langue à l'anglaise et du diable si on comprendra un traître mot.

Le clergé, parfaitement honorable et plein de dévouement, s'associe à cette campagne. Il est mieux partagé, pécuniairement parlant, qu'en France. Un curé n'a guère moins de 2 000 ou 2 400 francs par an. La dîme y existe encore, mais pour les catholiques seuls naturellement.

Son influence est très grande. Je ne sais ce que penseront nos mondaines quand elles apprendront que la valse est interdite dans le diocèse de Québec, et je puis en conclure, aussi, dans celui de Montréal ! Tout au plus tolère-t-on un quadrille familial. Si bien que les soirées y sont, au moins pour quelques-uns, monotones. Beaucoup de chant et c'est fort agréable, mais on voudrait autre chose. Je suis très à l'aise pour en parler. Oncques n'ai valsé et je ne suis pas un fanatique de cet « accès de folie volontaire et régulier », ainsi que Shakespeare, je crois, dénommait la danse. Les éléments d'une simple polka me sont peu familiers, mais tout le monde n'en est pas là. Une jeune fille me disait un soir, en exprimant de platoniques regrets :

— Voyez tous ces jeunes gens et toutes ces jeunes femmes qui causent en faisant tapisserie, seraient-ils bien coupables pour un tour de valse?

— Et vous n'enfreignez jamais l'interdiction? demandai-je.

— Oh! non. On n'oserait pas, me répondit mon interlocutrice.

Et, en somme, cette réponse était tout à l'honneur des femmes canadiennes.

Tant il y a qu'en août 1891, si j'ai bonne mémoire, un incident fit gémir la presse, que Boileau aurait pu chanter dans un nouveau *Lutrin*. La *Naïade*, qui portait pavillon de l'amiral de Cuverville, mouillait dans les eaux de Québec. Les officiers, pendant son absence, improvisèrent à bord, c'était le 15, une sauterie intime. Grand fut le tapage. On leur reprocha d'avoir violé les lois diocésaines, et les échos du Saint-Laurent retentissent encore des polémiques de la presse. Il y eut de compendieux articles de doctrine, et de longues lettres furent échangées qui démontraient que le 15 août peut être une fête concordataire en France, mais que la *Naïade* étant à Québec était soumise à l'autorité diocésaine... Tout ce bruit, non pas pour une omelette, mais pour un tour de danse...

Les ombres ne sauraient éclipser les mérites. Québec est l'Athènes canadienne et a largement droit à ce nom. L'Université Laval, sur laquelle je reviendrai plus loin, y fait de virils efforts pour maintenir et élever le niveau de l'enseignement, qui est libre — d'une liberté vraie. Plusieurs professeurs français ont laissé de durables souvenirs. L'abbé Casgrain, un parisien, au surplus, qui vint longtemps chaque hiver fouiller nos archives de la marine, a, dans un travail de bénédictin, refait, contre les auteurs anglais plus ou moins partiaux,

l'histoire de la guerre du Canada et des suprêmes
efforts de Montcalm et de Levis. Oh! les bonnes
soirées passées avec ce lettré à l'esprit observateur
et critique, mais large, et où nous lisions Hugo ou
même Musset, après un chapitre de la conquête et
des prodiges de nos héros français, vaincus, non
domptés. L'abbé Casgrain est mort il y a quelque
temps. Il était professeur à l'Université Laval. Et
il y a, à ce propos, une observation à faire sur le
rôle de l'initiative privée en Amérique.

Nombre d'universités anglaises et la grande majorité des universités américaines doivent leur
existence à la générosité de millionnaires qui
donnent chaque année sans compter pour outiller
de nouveaux laboratoires, créer de nouvelles
chaires, développer avec plus d'intensité la vie
universitaire.

Ainsi, aux États-Unis, un millionnaire a fondé
et doté richement l'Université catholique d'Omaha
et le gouvernement y applaudit; M. Leland a
pourvu à la création de l'Université de Stanford,
en Californie, l'une des plus riches de la République étoilée; M. Rockfeller a donné plus de
soixante millions de francs à l'Université de Chicago; M. Armour y a installé un institut techno-

logique des plus complets ; M. Carnegie a versé plusieurs millions aux institutions universitaires d'Amérique, en dehors des bibliothèques publiques qu'il a élevées partout. Un ex-sénateur du Wisconsin a légué à l'Université du Wisconsin une propriété d'une valeur de quinze millions de francs dont les seuls revenus suffiront à la création de dix nouvelles chaires.

Au Canada, l'Université anglaise McGill, fondée grâce à la munificence d'un industriel anglo-saxon, reçoit souvent de fortes subventions de personnes qui ont à cœur l'avancement de l'instruction universitaire au Canada. Ces dons ont permis et permettent au McGill d'inaugurer chaque année de nouvelles chaires.

Les Canadiens français, eux, n'ont qu'une seule Université où les cours se donnent dans notre langue, et qui contribue à la formation de l'âme canadienne-française, chez les hommes de professions libérales. C'est l'Université Laval, fondée à Québec en 1852, et qui a depuis plusieurs années une filiale à Montréal.

— Elle a vécu jusqu'ici, me dit un confrère de l'*Action sociale*, grâce au dévouement de ses fondateurs et de ses élèves, du séminaire de Québec,

— qui lui a donné et lui donne encore une aide matérielle considérable, — et de ses professeurs, choisis au premier rang du notariat, du Barreau, de la profession médicale, de la magistrature et du clergé qui, tous, lui ont consacré et lui consacrent une large part de leur temps et de leurs labeurs. Lors des fêtes du cinquantenaire de sa fondation, en 1902, ses anciens élèves lui ont donné une somme de 500 000 francs. L'Université Laval a confié la gérance de ces fonds à un syndicat financier composé de quelques-uns de ses professeurs et de ses anciens élèves.

Le touriste fait des visites. Il a des lettres, des amis, il est partout cordialement reçu. Le contraire est la grande exception ; et, si je ne tenais, par exemple, l'anecdote suivante de l'intéressé, un galant homme dont la parole vaut de l'or, je resterais incrédule.

La femme d'un haut fonctionnaire qui allie un grand nom à une grande fortune, recevait un jour la visite d'une dame qui lui dit tout de go, sans se douter de l'énormité qu'elle proférait :

— Je vous demande pardon. J'ai un peu tardé à venir. Mais vous savez, les Français ! Il y en a tant de tarés !

Exquis !... En dépit de ces petits incidents, plutôt négligeables, il faut constater que la société québecquoise est proverbiale à juste titre pour son urbanité. Cette urbanité est un legs de la France du xviiie siècle. Il faut lire dans *Montcalm et Levis*, de l'abbé Casgrain, la vie sociale d'avant la conquête prise sur le vif. Beaucoup de familles subsistent encore : les de Martigny, les Joly de Lotbinière, les de Léry, les Boucherville. Je ne peux me tenir de nommer Mme de Martigny, sœur de l'abbé Casgrain, et, comme son frère, lettrée et accueillante. J'ai gardé d'elle et de son mari un vivace souvenir. Le consul général de France à ce moment, le comte de Turenne, savait, dans une situation délicate, plaire à tous. Sa maison, montée sur un train qui lui faisait honneur, était largement hospitalière.

Je saluai également, à Québec, une charmante femme qui joua, à l'*Odéon*, Mlle Miette. Elle avait épousé le docteur Grondin, un jeune praticien travailleur et infatigable. Je ne jurerais pas qu'elle n'eût un tantinet la nostalgie de Paris... Quant à moi, je l'oubliai bien certains soirs avec la *Nuit d'octobre* et *Ruy Blas*.

Pour finir, un petit récit qui montrera, tout

comme une fable d'Ésope, que, si à l'étranger on nous tient pour un peu Don Quichotte, nous faisons bien quelque chose pour cela, peu ou prou.

Un mien ami, des plus chers, assistait un jour à un five-o'clock dans une des demeures les plus sympathiques de Québec. Réunion charmante où les toilettes claires piquaient leur note gaie sur le noir masculin. Mon ami eut l'honneur d'être présenté par un très sympathique écrivain canadien, M. Errol Bouchette, à des jeunes femmes ou jeunes filles présentes avec lesquelles il causa de tout un peu, en écoutant une excellente musique.

Or, comme sept heures approchaient, un violent orage éclata et la pluie devint diluvienne à ne pas mettre, comme on dit, un chat dehors. Les quelques voitures que le hasard rendait libres furent bien vite prises d'assaut, et la majeure partie des invités demeura, attendant une éclaircie qui ne venait pas. De guerre lasse, ceux que leur bonne fortune avait munis d'un parapluie se risquèrent à affronter les éléments déchaînés. Les autres — dont mon ami — continuèrent... à patienter. Aussi bien le temps ne lui durait pas trop. Il causait avec deux jeunes filles fort distinguées, de la pluie qui durait et du beau temps qui s'attardait.

Mais l'heure marchait et les causeuses commencèrent à manifester une certaine impatience. En effet, elles n'avaient que le temps de rentrer dîner, de s'habiller et d'aller à un bal chez le lieutenant-gouverneur. Manquer à un bal chez le lieutenant-gouverneur est chose grave partout.

— Si nous avions seulement un parapluie ! murmuraient-elles navrées.

L'ami Don Quichotte, attendri, prit une résolution héroïque. Il offrit d'aller chercher, à défaut d'une voiture, un parapluie chez lui et de le leur rapporter. Et ainsi fit-il. Il s'élança sous l'ondée qui faisait rage, courant, s'éclaboussant dans les flaques d'eau, aveuglé, et arriva chez lui ruisselant. Son couvre-chef avait pris la forme d'un déplorable cartonnage, pleurant sur ses yeux et déversant des cascades dans son cou. Que lui importait ? Il représentait la galanterie française, laquelle a remplacé la chevalerie. Il arrive donc, saisit son parapluie et repart tout d'une traite, courant et retombant dans les flaques d'eau devenues de petits étangs. Mais il tenait sa promesse. Et c'est ainsi qu'il se précipite dans le vestibule, cherchant celles qu'il allait sauver et qui, grâce à lui, ne manqueraient pas le bal de Son Honneur le lieutenant-gouverneur. Hélas ! elles n'étaient plus là. Avaient-elles trouvé un autre parapluie ? Toujours est-il qu'elles étaient parties... à l'anglaise et que mon bon ami français demeura tout penaud et revint de même — avec un fort coryza.

Il ignora toujours comment elles étaient parties et ne s'en occupa pas. Comme il quittait Québec quelques jours plus tard, il ne les revit pas et ne put que jurer de ne plus offrir de parapluie — même pour ne pas faire manquer à deux charmantes femmes le bal du lieutenant-gouverneur !

Ce sont là les miettes de la vie. Elles n'enlèvent rien au charme très réel des réceptions québecquoises.

Il y avait à ce moment, à Québec, deux clubs, nous dirions, en France, deux cercles. Le club libéral était l'Union Club. Le très galant homme, dont j'ai gardé un vif souvenir, M. Charles Langelier, me fit adresser fort courtoisement une lettre d'admission temporaire. « A la demande de M. Charles Langelier, disait-elle, le président du comité de l'Union Club a l'honneur de vous conférer les privilèges du club. » J'y allai peu pourtant. J'y rencontrai quelques députés, quelques journalistes et des industriels, parmi lesquels un fabricant de meubles, vivant exemple de ce qu'obtiennent l'activité et l'énergie. C'était bien ce que les Anglais appellent un *self-made man*.

Il faut bien dire un mot ici de la longévité canadienne qui est devenue proverbiale, et de sa fécondité. Les familles de vingt enfants n'y sont pas rares, et, par une intéressante coutume, c'est le curé qui prend charge et élève le vingtième. Quant à la longévité surprenante dans ces climats, elle se constatait dès les premiers temps de la découverte.

En 1750, raconte un voyageur de l'époque, il y avait à l'hôpital général un vieil infirme alors âgé de 109 ans. Il était venu au Canada en 1665, comme soldat dans le régiment de Carignan Salière, venant de Hongrie. Le nom de Carignan seul était resté au pauvre vieux qui se faisait encore bien entendre, mais était sourd et perclus. Il mourut en 1767, âgé de 113 ans. L'auteur de cette relation dont j'ai vu le manuscrit, nous fait connaître ce que recevait un soldat à cette époque au Canada, de 16 à 18 francs par mois.

Au total, ce pays où, au xxe siècle, se retrouvent des mœurs féodales, le régime des seigneuries, la dîme, où la théocratie garde encore des racines vivaces, a un côté original et singulièrement attachant qu'accentue encore le mélange de l'esprit pratique anglo-saxon.

Ce n'a pas été tout seul, et la province de Québec se singularise dans la « Puissance ». Elle a le Code civil et, officiellement, la langue française sur un pied d'égalité avec la langue anglaise. C'est à force d'énergie, à force de souffrances héroïquement supportées qu'elle a fini par faire reconnaître ses droits. Ses hommes politiques, aussi bien libéraux que conservateurs, rouges que bleus, acquièrent de plus en plus un véritable esprit de gouvernement dont l'absence avait pu faire dire à l'élément anglais, un peu partial, qu'ils sont incapables de se guider. C'est ainsi qu'ils ont évité l'union législative, ce rêve constant de certains qui ne serait que l'absorption de l'élément français, noyé dans la masse anglo-saxonne.

Le Canada est un pays parlementaire, calqué sur le régime anglais, avec un gouvernement fédéral et des gouvernements provinciaux. La politique joue un grand rôle dans la vie sociale. Les clubs politiques abondent, les réunions publiques sont constantes, et la lutte très vive entre libéraux et conservateurs, séparés au fond par une simple question économique de libre-échange et de pro-

tection — sans compter l'essentiel : la possession
du pouvoir.

Il serait souhaitable que les polémiques de presse
fussent moins violentes, d'autant que la perspective de notre duel n'est pas là pour les adoucir. Je
ne me fais point le champion du duel qui ne prouve
jamais rien et est absurde : encore est-il qu'on y
regarderait à deux fois si l'on savait le lendemain
trouver un fer devant soi ! Question de latitude.
Le coup de poing est de droit naturel... Un duel
vous ferait pendre haut et court. — « Je suis
prêtre, me disait un Canadien très affiné, et ne puis
en aucun cas approuver vos coutumes françaises...
Mais tout de même, entre nous, j'avoue que c'est
parfois une bonne chose ! »

Que voulez-vous faire à un Monsieur qui vous
appelle canaille et tombe sur vous à coups de
poings. La presse, heureusement, ne compte plus
de ces jeunes échappés de l'école qui y battent les
buissons à tort et à travers et ne savent que vanter
la réponse à la « Canayenne ». Il y a là-bas des
écrivains et des journalistes qui honorent la profession. J'en aurais trop à nommer.

On comprend l'importance que revêtent les élections dans ces conditions. Les grandes réunions

publiques et contradictoires y sont quotidiennes et il faut reconnaître qu'elles se tiennent mieux que les journaux, quoique les attaques y soient parfois, comme partout, assez violentes, ressemblant à la campagne électorale imaginaire que le célèbre conteur Marc Twain raconte.

— Mes adversaires, dit-il, commencèrent tout d'abord à me vilipender auprès du public. Ils m'imputèrent en premier lieu des délits ordinaires ; puis, à mesure que la campagne électorale augmentait d'intensité, les accusations contre moi se firent de plus en plus graves, elles assumèrent vite de gigantesques proportions. Fort de mon innocence, je commençai par faire face à la musique, puis, je tremblai. Finalement, quand on m'apprit que j'étais un incendiaire, que j'étais le 'meurtrier de ma belle-mère, — j'étais alors célibataire, — je lâchai la politique et rentrai dans la vie privée, où je redevins l'honnête citoyen que j'étais auparavant.

L'étude serait impayable des trouvailles faites, par exemple, pour éluder la loi qui défend, comme de juste, d'acheter des votes. D'abord, comme partout, les élections coûtent cher. Les partis ont des caisses électorales auxquelles tout le monde contribue. Mais, surtout du côté gouvernement, ce sont ceux qu'on dénomme là-bas les « contracteurs » qui délient, plus ou moins de bon gré, les cordons de leur bourse. Le contracteur, c'est l'entrepreneur, le gros fabricant adjudicataire des fournitures publiques... Et c'est par deux ou trois cent mille francs que se chiffrent les dépenses électorales.

Quant à l'achat des votes, la loi l'interdit naturellement et elle y tient la main : mais il y a des accommodements.Un Canadien m'a conté l'histoire d'un chat acheté une dizaine de fois en un jour.

Le candidat visitait l'électeur et avisait un angora :

— Oh ! la belle bête ! J'aime beaucoup les chats. Voulez-vous me le vendre ?...

Et le marché est conclu. On sait ce que parler veut dire.

Quant aux inscriptions sur la liste électorale, elles sont surveillées avec un soin jaloux ignoré chez nous. Voici une histoire qui s'est passée dans le comté de Verchères lors de la revision des listes.

Rouges et bleus se démènent à qui mieux mieux pour faire radier des listes leurs adversaires.

On arrive au nom d'un petit tailleur, libéral enragé, et les conservateurs font flèche de tout bois contre lui. Le statut fédéral exige un revenu d'au moins 300 piastres, soit quinze cents francs pour l'électorat.

— Combien gagnez-vous par an ? demande-t-on au tailleur.

— Mon travail, répond l'autre, me donne un salaire de 600 francs par an.

— Ce n'est pas assez, vous le savez bien.

— Oui... Mais il faut ajouter 720 francs par an, mon patron paye ma pension.

— Six cents et sept cent vingt, ça ne fait pas 1500.

— Comptez en plus, s'il vous plaît, mon salaire de chantre, 175 francs par an.

— Voyons : 600 + 720 + 175, ça fait tout juste 1496 francs. Vous n'avez pas le droit de voter. Il vous manque une piastre, 5 francs par année.

Et le nom du tailleur fut biffé !...

Dans tous les cas la vie politique, là-bas, est d'une intensité qui a d'ailleurs des avantages parce que le citoyen n'y abdique pas ses droits et ne cesse de se mêler aux choses publiques. Nos élus en France pendant quatre ans, font ce qu'ils veulent et échappent à tout contrôle sérieux. Là-bas, ils sont constamment sous l'œil du mandant qui les retrouve dans ces grandes manifestations politiques ignorées chez nous. Il y a contact incessant. Et quand un élu rend compte de son mandat, ce n'est pas devant cent électeurs triés sur le volet et dans une salle étroite, mais dehors, sous le grand ciel bleu, en face de milliers d'auditeurs.

Je n'en veux pour preuve que cette procession gigantesque qui traversait Québec il y a six mois seulement, pour fêter le triomphe des libéraux aux élections provinciales.

Le cortège s'était formé sur la Terrasse. Il comprenait plus de trois cents voitures dont une trentaine de carrosses de gala. Chacun de ces carrosses contenait l'un des députés libéraux élus, précédé d'une bannière indiquant le nom du comté, c'est-à-dire de la circonscription, et la majorité obtenue. Dans les rangs cinq fanfares sonnaient le triomphe.

Entre temps, feux de bengale omnicolores et cinq feux d'artifice...

Ajoutez des milliers de gens et une grande assemblée en plein air où des discours sont ponctués de sonores hurrah !

J'avoue que ce sont là des mœurs qui me plaisent,

mais qui semblent être un privilège de la race anglo-saxonne. Vous rappelez-vous O'Connell, organisant en Irlande, le même jour et à la même heure, quatre mille meetings en plein air?... Comment veut-on qu'un gouvernement reste sourd, quand la voix du peuple se fait ainsi entendre, quand « le lion rugit »?... Verrons-nous cela quelque jour en France? J'en doute. Un cortège électoral serait dissous illico et l'on n'entendrait que le « circulez » des bons gardiens de la paix, bons jusqu'au passage à tabac exclusivement.

Il me faut bien dire un mot de l'Orangisme, une manière de franc-maçonnerie qui a beaucoup fait parler d'elle, il y a quelques années, à propos de la question des écoles. L'Orangisme représente en somme la vieille lutte contre les traditions canadiennes-françaises, les droits, les croyances... Comme la franc-maçonnerie en France, l'action politique des orangistes et leur levée de boucliers sont récentes. Beaucoup d'entre eux occupent de hautes fonctions publiques. Le premier ministre fédéral, il y a une dizaine d'années, avant M. Laurier, était orangiste. Les orangistes sont protestants. Évidemment, il se rencontre beaucoup de protestants tolérants, Dieu merci! qui respectent

les croyances catholiques comme ils entendent
qu'on respecte les leurs. L'Orangisme n'en est pas
moins un adversaire religieux irréductible, une
secte étroite. Il a hérité le fanatisme froid, la
haine intolérante des puritains et des têtes rondes.
Il a un serment bien curieux, bien « suggestif »
pour employer le jargon nouveau siècle. Le pa-
pisme et les papistes y sont conspués d'un bout à
l'autre : du pur Cromwell... Aussi bien, le texte
en est à citer, et le voici :

« Je jure que je tiendrai toujours sacré le nom
« de notre glorieux libérateur, le roi Guillaume,
« prince d'Orange, en souvenir reconnaissant du-
« quel je promets solennellement (si c'est en mon
« pouvoir) de célébrer sa victoire sur Jacques, à
« la Boyne, en Irlande, en me réunissant à mes
« frères dans leur salle de loge le 12 juillet de
« chaque année ; je jure que je ne suis pas et que
« je ne serai jamais un catholique romain ou un
« papiste, et que je ne suis pas et ne serai jamais
« marié à une catholique romaine ou à une pa-
« piste ; que je n'éleverai jamais mes enfants et
« que je ne permettrai pas qu'on les élève dans la
« foi catholique romaine si je puis l'empêcher,
« que je ne suis pas et ne serai jamais membre

« d'une société ou d'un corps d'hommes qui sont
« ennemis de Sa Majesté et de notre glorieuse
« constitution. »

On s'explique, à cette lecture, que les catholiques récusent légitimement les orangistes !

Une telle situation provoque forcément des polémiques, qui s'aggravent, s'enveniment et montent les têtes. Un journal protestant anglais, l'*Evening News*, en arrive à exhaler ce cri du cœur :

« Pourquoi, aussi, nos pères n'ont-ils pas *exter-*
« *miné tous ces Français-là* sur les plaines d'Abra-
« ham ? Nous n'aurions pas tant de troubles au-
« jourd'hui. »

Ces lignes sont plus monstrueuses encore pour celui qui a salué le monument de la plaine d'Abraham, où, par une pensée touchante d'oubli et de respect du vaincu et du vainqueur, on a confondu dans un commun hommage et uni dans la mort, Montcalm et Wolfe, les deux chefs de cette lutte de géants.

Or, l'*Evening News* n'est pas une exception. Un député protestant a fait une campagne de conférences. Sa base d'argumentation était simple : l'élément français et catholique est une quantité négligeable dans la confédération. Ceci posé, il concluait que cet élément doit disparaître un jour ou l'autre.

Les deux tiers d'une population active, féconde, confiante en l'avenir, disparaître ! Ce sont là des mots, mais ils sont bien dangereux et bien imprudents, comme imprudents les convents orangistes qui demandent l'exclusion de la langue française et le maintien de l'anglais seul. On commence par « l'unification » de la langue, pour arriver ensuite, espère-t-on, à l'unification religieuse, au nivèlement anglican.

Seulement, John Bull compte un peu sans Jean-Baptiste. Jean-Baptiste (les Canadiens français) ne se laissera pas avaler et se mettra en travers.

L'an dernier, il faut le dire à la décharge des orangistes, la célébration du 12 juillet, anniversaire de la bataille de la Boyne, qui établit la suprématie définitive de Guillaume d'Orange sur les catholiques d'Irlande, s'est passée sans émeutes et sans rixes. Il faut les en féliciter.

Les discours ont bien été encore passablement exaltés. Mais, somme toute, tant qu'on s'en tient aux paroles, les autres citoyens peuvent les ignorer, ou n'y pas faire attention. Le jour viendra peut-être où, subissant l'influence d'une atmosphère de tolérance réciproque et de respect de soi et d'autrui, les orangistes comprendront que leur société est un pur anachronisme dans un pays libre.

Un révérend anglican n'a pas gardé pourtant la même réserve. Il a nettement déclaré qu'il faut combattre le Vatican, instrument de superstition et de tyrannie! A Péterboro, un pasteur baptiste demande simplement une loi interdisant à un catholique de devenir premier ministre du Canada!!

Entre nous, les orangistes ne pourraient-ils pas remiser leurs vieilles rengaines, démodées même en Angleterre, comme l'atteste l'éclatant succès du récent congrès catholique de Londres ?

Il a des défauts, Jean-Baptiste! Mais il a foi en demain et son loyalisme sincère ne saurait aller jusqu'au sacrifice de tout son passé et à l'acceptation passive du lit de Procuste orangiste. Et puis, ces attaques le piquent. Comme dans la comédie de Labiche, on ne parle que de sa mort, là-dedans. Or, lui, ne veut pas mourir. Il pense, et il dit avec grande raison, que la nation canadienne est formée de l'agrégat des descendants de deux peuples, que les droits sont les mêmes, et que lui, Jean-Baptiste, en a assez d'un perpétuel servage intellectuel et moral.

Voilà comment la pensée d'une annexion possible aux États-Unis a pu, à quelques heures, s'infiltrer dans certains esprits. La République Étoilée respecte la liberté des consciences. Je ne dis pas que notre langue se conserverait dans la grande inondation yankee, du moins serait-ce une absorption naturelle, non une exclusion voulue, un exil à l'intérieur, prémédité.

J'ignore l'avenir, mais je me souviens qu'un jour, en une rencontre où les verres se choquèrent, un journaliste canadien, après avoir bu à un confrère, à « un Français de France », s'écriait en élevant un drapeau tricolore :

— Je bois à l'annexion aux États-Unis, puisque nous ne pouvons plus être Français.

Heureusement, le sentiment national domine quand même : on se ressaisit, et comme il n'y a pas de droit contre le droit, comme sir W. Laurier tient le pouvoir, le Canada marche vers ses destinées.

III

LA COLONISATION ET LA QUESTION OUVRIÈRE,
LE PONT DE QUÉBEC

Tout l'avenir du Canada est dans la colonisation.

Des plaintes se sont élevées parfois contre l'accueil fait aux arrivants. Témoin ce qu'écrivait le Journal *Le Canada* du 29 mai 1903 :

« Winnipeg, 28. — MM. le comte de Saint-Phalle, le baron de Peaulse, H. Morin et E. Papelland sont passés par Winnipeg, il y a quelques jours, en route pour Saint-Norbert, où ils se proposaient de fonder une fabrique importante de fromage français.

« Ils viennent de revenir ici et M. de Saint-Phalle dit que son agent lui a volé 200 000 francs.

« En arrivant à Saint-Norbert, les voyageurs demandèrent à être conduits à leurs terres et en arrivant ils ne trouvèrent qu'un lopin de terre, sans aucune des constructions qu'ils s'attendaient à y rencontrer. Tout ce qu'ils ont est un champ et un titre à des terres qui n'ont jamais été achetées. Ils retourneront probablement en France. »

Il s'agit là du Manitoba.

A Québec, cet esprit n'existe pas. Les agents de colonisation y sont des hommes pénétrés de leurs devoirs et, au ministère provincial, on trouve une urbanité égale à la sincérité des renseignements. Aujourd'hui la province fait une propagande louable. Longtemps, on tenait que Québec, couverte de forêts, était d'un défrichement difficile, sinon impossible pour les Européens et seul permis aux « Canayens ». L'on ne parlait que de Manitoba. Mais les difficultés ne comptent pas contre la volonté. A Québec, le colon est avec des Français, avec un gouvernement français, et il n'a pas à se plaindre de tels procédés.

La colonisation est restée longtemps stationnaire dans la province de Québec. Quelques colons venaient vers le lac Saint-Jean. Mais il n'y avait pas de courant créé. Aujourd'hui la situation a changé malgré les difficultés. A l'inverse des territoires du Nord-Ouest qui ne sont qu'une vaste et fertile prairie, la province de Québec est montagneuse, couverte de forêts, et, je l'ai dit plus haut, seuls, des « Canayens » peuvent venir à bout de défricher quelques terres. On m'a cité plusieurs exemples de colons arrivés avec enthousiasme, travaillant avec entrain et échouant. Aujourd'hui, le courant n'en existe pas moins, favorisé de tout son pouvoir par le gouvernement.

Il est entendu que je ne parle pas des terres et des fermes situées près des villes, à Québec ou à Montréal, et qui se prêtent à la culture maraîchère. Là, il faut de l'argent, le coût des terres est fort élevé, ce n'est plus de la colonisation.

Il y a, à « la bâtisse » du Parlement, un bureau de la colonisation, et, dans ce bureau, plusieurs bons et volumineux registres où se trouvent enregistrées les terres à vendre. Grâce au charmant et très fin Canadien qui était le chef de ce bureau, j'ai compulsé ces registres. Ils sont partagés par comtés. Les plus voisins de Québec sont ceux de Portneuf, de Lévis, Lotbinière, Bellechasse, Montmagny, Charlevoix, Dorchester, Beauce, etc. Veut-on une idée des terres à vendre ? — Je ne parle pas des homesteads gratuits.

Je feuillette mes notes et je trouve : à Saint-Bruno, dans la région du lac Saint-Jean, 96 arpents, dont 36 défrichés et 60 en « bois debout », 2 maisons, prix 1500 dollars en piastres, soit 7 500 francs. Toutes ces terres ont cette moyenne de 90 à 100 arpents, dont une moitié défrichée. Les prix varient un peu selon la position et la maison. Il y en avait dans des conditions identiques à Sainte-Méthode, à Saint-Louis, à Saint-Gédéon, etc... Pourquoi, demanderez-vous, les propriétaires vendaient-ils ? Nul ne me l'a dit. Échec, peut-être, mais surtout spéculation.

Il n'en demeure pas moins vrai — et c'est à rappeler en passant — que le Français au total a colonisé le Canada, la vallée du Mississipi, de l'Atlantique au Pacifique, de la baie d'Hudson au golfe du Mexique.

Les noms français sont légion en Amérique. Voici Marquette, du nom du religieux français qui, le premier, explora ces régions. Voilà Détroit, Sainte-Marie, Lafayette, Joliet, La Salle, Racine, Saint-Louis, Louisville, Vincennes, Saint-Joseph, Sainte-Geneviève, sans compter les Paris et les Versailles...

Et en même temps que Dupleix faisait la conquête de l'Inde, Champlain fondait Québec; Bienville, la Nouvelle-Orléans ; Sontzincourt occupait l'Acadie, la Nouvelle-Écosse, et édifiait Port-Royal. D'autres Français exploraient la Floride, Terre-Neuve, la Guyane, les Antilles...

Cela n'empêche pas des gens de nier les qualités colonisatrices du Français... peut-être bien parce qu'il ne sait pas toujours « rouler » son voisin.

La région du lac Saint-Jean a été appelée le grenier de la Province de Québec. Il y a là, en effet, une terre fertile autant qu'immense et qu'attend un bel avenir, lorsque ses sept ou huit millions d'hectares abriteront le colon. Pour le moment, la population disséminée ne dépasse guère cinquante mille âmes. La colonisation fait dès à présent le tour du lac tout entier. On s'y occupe de la culture du blé ; l'élevage du bétail y trouve également des conditions heureuses. De vastes forêts y sollicitent l'industrie, et les forces hydrauliques appellent les moulins.

La ligne principale, de Québec à Roberval, comprend trois cents kilomètres, plus un embranchement de 75 kilomètres sur Shawenegan et un autre de même longueur sur Chicoutimi. C'est donc la côte méridionale du lac qui est actuellement desservie par chemin de fer. Dans la partie Nord où de nouveaux cantons s'ouvrent à l'activité humaine, des ponts sur les rivières assurent les communications. C'est dans un de ces cantons, le canton Pelletier, que se rencontre, sur le Mistassini, un établissement agricole fondé par les Trappistes. En cinq ou six ans, deux cent cinquante familles sont venues se grouper sur ce point et ont constitué une paroisse importante. Là encore les noms français dominent. Voici les cantons de Charlevoix, de Caron, de Saint-Hilaire, de Plessis, de Bourget, de Jonquière, de Labarre, de Delisle, de Dalmas, de Dolbeau, de Racine, de Girard, etc.

L'organisation générale agricole est aux mains du ministère de l'agriculture, secondé lui-même par un assistant-ministre. Un conseil d'agriculture en outre a été établi par une loi et comprend vingt-trois membres.

De ce centre, l'impulsion s'en va aux sociétés d'agriculture, au nombre de soixante-neuf actuellement dans la province. Ces soixante-neuf sociétés groupent 18 000 membres et elles dépensent chaque année en encouragements une somme qui va dépasser 300 000 francs. Elles veillent sur la bonne sélection des animaux, sur les nouvelles variétés de plantes, de graines et de semences. Elles organisent des concours de récoltes, de terres cultivées et des expositions qui embrassent tout l'ensemble des choses agricoles.

Au point de vue théorique, la province de Québec possède trois écoles d'agriculture, à Oka, à Sainte-Anne Lapocatière et à Compton. Une école ménagère heureusement combinée donne à Roberval, dans la région du lac Saint-Jean, un cours d'économie rurale aux jeunes filles et une ferme modèle y est attenante pour l'entraînement pratique. Il y en a une aussi à Saint-Pascal, comté d e Kamouraska, et à Sainte-Hyacinthe.

Je signale au passage les Écoles vétérinaires, les huit Écoles des arts et manufactures, l'École de laiterie.

Enfin le gouvernement organise des concours de mérite agricole, de produits laitiers, de vaches laitières.

Pour la colonisation, le prix des terres est purement nominal. Il va de 3 à 9 ou 10 francs l'hectare, avec de longs tempéraments pour le paiement. Chaque lot de 42 hectares, avec attribution supplémentaire pour les routes, forme un rectangle.

Toutes les races et toutes les nationalités sont

représentées parmi les colons.

Et l'élément juif? demandera-t-on.

Je n'apporte ici aucune prévention confession-
nelle, aucun parti-pris. Ce que je veux fournir,
c'est une contribution impartiale à la situation actuelle du Canada. Ma pensée personnelle n'a rien
à y voir, ici du moins, et je me borne à enregistrer.

Or, les israélites constituent au Canada un groupement à part, comme partout d'ailleurs, groupement dont le chiffre et l'importance vont croissant
constamment : il y a là une loi de race. Pendant
longtemps, ils ont tendu à pénétrer au Canada. Un
Montréalais m'a dit un jour qu'il en était venu dès
1760 à la suite du général Wolfe. Quelques-uns ac-
quirent des seigneuries, se muèrent en grands propriétaires. Un juif fut député de Trois-Rivières. On
on cite d'autres qui siégèrent aux législatures canadiennes.

Mais ce sont là souvenirs rétrospectifs. Venons
au présent, et puisons dans les recensements officiels. En 1871, cent vingt-cinq israélites. Le Canada était moins à l'ordre du jour, et le centre juif
était en Russie. En 1881, sept cents, répartis sur
toute la Puissance. En 1901, seize mille quatre
cents. Entre temps, avaient eu lieu les expulsions

de Russie. Les contingents les plus forts s'arrêtent dans l'Ontario et dans Québec : respectivement, cinq mille quatre cents et sept mille six cents. Pourquoi ce choix de provinces ? J'imagine que les aptitudes de la race fournissent la réponse à cette question. Le juif est commerçant, homme d'affaires, banquier, et c'est par là qu'il s'est attiré tant d'antipathies dans la vieille Europe ; il n'est ni ouvrier, ni cultivateur, que serait-il allé faire au Manitoba, province agricole ? Il y arrive, à présent, avec les affaires.

De 1901 à 1906, ce chiffre que j'ai indiqué de de 16 400 juifs a plus que doublé. Ils s'élève au total de 40 000. Et il faut souligner ici ce fait qu'un institut Hirsch, du nom du milliardaire qui a fait tant de legs à ses coreligionnaires, a été établi à Montréal. Cet institut se préoccupe beaucoup de l'établissement des siens, et devient dès lors un centre, un port d'attache qui attire l'émigrant.

En cet an, que je ne qualifierai pas de grâce, 1909 où j'écris, quel est le chiffre exact de l'élément juif ? C'est malaisé à trouver.

On sait pourtant que plusieurs milliers sont arrivés depuis 1906, que beaucoup de Polonais, de Russes et de Roumains cachent l'israélite. Mettons cinquante ou soixante mille... Depuis 1871, en 37 ans, on voit la marche ascendante. Il y a, dans Montréal, tout un quartier juif considérable avec ses marchands à lui, ses écoles à lui, ses médecins à lui, ses avocats, ses églises, ses rabbins comme de raison, ses institutions — et ses clubs politiques. Au total, 25 000 dont plusieurs, il est inutile de le dire, sont influents dans la haute finance et la haute industrie.

Je note des colonies plus ou moins importantes essaimées à Toronto, à Wennipeg et à Québec. Pas de petite ville où un marchand israélite ne s'introduise, qui, hier pauvre, deviendra riche en peu de temps. Et déjà les juifs réclament des représentants tant dans les municipalités qu'aux Parlements provinciaux.

Je constate, je renseigne, je n'apprécie pas. Les juifs ne sont ni moins ambitieux, ni moins remuants là-bas que chez nous. C'est sans doute au gouvernement à canaliser des aptitudes spéciales, à les empêcher de s'en servir pour devenir les maîtres du pays, et obtenir la suprématie qui appartient, paraît-il, à « la première race du monde ».

Un pays dont la population est si faible par rap-

port à son étendue, trouve dans l'accroissement de
cette population le critérium de son développement et de sa prospérité.

Le Canada est dans ce cas : Peuplé au total de
cinq millions d'habitants, il doit attacher à ses
recensements périodiques une valeur toute spéciale, car leurs résultats fournissent des éléments
d'appréciation évidents.

Le recensement de 1891, entre autres, fut un mécompte pour le Canada tout entier, et tous les
partis durent s'incliner devant le fait brutal. Le
recensement de 1901 a été meilleur.

Or, quel remède apporter à ce mécompte ? Sur
cette question, l'accord cessait et l'on n'avait devant
soi que les discussions fort intéressantes, il est vrai,
mais platoniques au demeurant, du Parlement.

Le défaut réside-t-il dans la manière dont
s'opère le recensement ? Peut-être. On compte tous
les habitants d'une paroisse ou d'une famille ab-
sents depuis moins d'un an. On doit déjà, dans
ces conditions, avoir des doubles emplois, et tels
et tels, recensés dans une paroisse, le sont également dans une autre : de là, un nombre supérieur
d'unités qui compromet l'exactitude du total. Il
s'agit, en somme, d'une statistique générale em-

brassant le pays tout entier. Un autre système serait donc préférable : celui que l'on suit en France, par exemple, et ailleurs. En France, on le sait, on recense en une même et unique journée toutes les personnes là où elles ont passé la nuit précédente, quel que soit le lieu de leur origine, qu'elles se trouvent au Nord ou au Sud. Il est évident que dans des opérations aussi compliquées, des erreurs sont inévitables et que les résultats ne peuvent être que relativement exacts. Cependant ce système, même en tenant compte des écarts probables, peut donner un chiffre global aussi juste que possible. Entre les omis et les doubles emplois probables, il s'établit un équilibre, une balance qui accuse en fin de compte le chiffre officiel aussi absolu qu'on peut le souhaiter.

Dans notre vieille Europe, où la population a atteint, peut-on dire, son maximum de densité, les recensements gardent une valeur presque de pure statistique. Il n'en saurait être de même au Canada, pays jeune et vide qui fait des efforts considérables, des dépenses énormes pour conserver sa population autochtone, et pour en attirer une nouvelle. Et les insuccès lui doivent tenir particulièrement à cœur.

Aujourd'hui, de toutes parts, les vieux moules éclatent, la bataille des nations s'engage sur la surface entière du globe habité, non plus à coups de canons — mais sur le terrain des échanges, du commerce, de l'industrie, de la colonisation.

Or, le Canada élevait une muraille de Chine entre le monde et lui. Ce protectionnisme absolu peut exister aux États-Unis, qui produisent tout, et sont habités par 60 millions d'âmes. Mais où est le bénéfice pour un pays vide ? Un système qui n'enrichit ni l'ouvrier ni le paysan, l'empêche de prendre sa part dans la grande lutte économique.

Quel intérêt le cultivateur canadien a-t-il à la protection ? Son blé lui revient à un prix défiant tous les droits protecteurs les plus excessifs des autres nations.

Avec ce système, on engorge les magasins. Les usines ont une pléthore de production qui ne trouve pas de débouché. Seuls, quelques-uns bénéficient de ce régime. La masse en souffre, parce qu'elle paye un prix exagéré ce qui est utile à la vie intellectuelle et matérielle d'un pays.

Tout est frappé au Canada d'une moyenne de droits de 30 à 40 0/0.

On parle des États-Unis. Il ne faut pas oublier

quela protection sans contrepoids dela République
Étoilée vise surtout la vieille Europe. Ce qui a
fait sa prospérité, c'est le libre-échange, aussi absolu que possible, appliqué à l'immense commerce
qui se fait entre ses différents États.

La vérité, c'est qu'il n'y a pas plus de protection
absolue que de libre-échange absolu. Tels intérêts
réclament l'entrée en franchise quand tels autres
ont besoin de droits protecteurs. Il suffit, pour
avoir une clarté sur la question, de se rappeler les
débats prolongés et fort intéressants, encore qu'un
peu fastidieux parfois, qui occupèrent en 1891, trois
mois durant, le Parlement français. La France est
présentement protectionniste. On le comprend du
reste pour l'agriculture, surchargée d'impôts et
rendant à peine 2 à 3 0/0. On le comprend mieux
encore quand on songe que l'hectolitre de blé qui
revient au cultivateur canadien à 3 fr. 50, mettons
5 francs, revient à 19 francs au laboureur du Vieux-
Monde. La métallurgie est protectionniste également parce qu'elle ne peut lutter contre les fers
anglais et belges. Mais le commerce, la ganterie,
les soies, les ports sont libre-échangistes. C'est
question de vie pour eux. Il me souvient d'une
enquête économique que je fis dans le sud-est à

cette époque. A Lyon, on ne trouvait pas d'expression assez énergique pour flétrir la protection. Dans la vallée du Rhône, les sériciculteurs la demandaient à grands cris, accusant les autres de vouloir leur ruine...

Revenons au Canada. On devrait, et c'était le programme des libéraux aujourd'hui au pouvoir, au lieu d'élever des barrières infranchissables, des droits prohibitifs annihilant la concurrence, chercher à protéger dans la plus large mesure possible l'industrie qui en a besoin, tout en donnant l'essor à d'autres transactions.

Il y a un système équitable et favorable : la réciprocité. Il dit à un pays :

— Vous me fermez vos marchés, je vous ferme les miens.

Et il dit à un autre :

— Ouvrez-moi vos portes, j'en fais autant des miennes.

En dehors de cela, par quoi se juge le génie de l'homme d'État, c'est l'anémie, c'est en même temps la pléthore...

On a dit, je le sais, que la réciprocité illimitée avec les États-Unis constituerait un pas vers l'annexion. Dans tous les cas, la protection à outrance n'en est pas moins funeste. Alors, que gagne-t-on, je vous prie?

Si encore cette protection, en grevant les pro-duits étrangers, abaissait le prix des produits in-digènes! Mais non! les manufactures élèvent leur prix à la hauteur des tarifs auxquels reviennent les objets importés, alors que la concurrence ferait diminuer les prix. Les consommateurs s'abstiennent forcément, ou diminuent leurs achats. Le manufacturier s'enrichit peut-être quelquefois, mais aux dépens de qui? de la masse.

Il est clair, dès lors, que la question économique est liée au problème de la dépopulation et de l'exode double des Canadiens et des émigrants. Le petit travaille et demande à gagner du pain, donnez-lui en, il ne s'en ira pas, avec tous les siens, aux États-Unis.

Partout où je suis allé, j'ai interrogé. Partout les ouvriers me disaient que le pays était pauvre, que la masse était pauvre et avait beaucoup de mal à gagner son pain.

Et pourtant, on dépensait, on traçait des routes, on créait des chemins de fer, on ouvrait le Nord-Ouest à la culture. On a jeté l'argent sans compter, c'est une justice à rendre au Canada. Le gouvernement fédéral d'Ottawa a raison. Il allègue, quand on le critique, que ce sont là semences pour l'avenir, dont on ne saurait attendre des fruits immédiats. Il serait injuste de nier la vérité de ce raisonnement.

L'accroissement normal de la population canadienne, même demeurant attachée au sol natal, ne suffirait pas à peupler le Canada. De là, des efforts pour y attirer un courant d'émigration véhiculant un courant de capitaux. Des esprits généreux s'en occupent en Europe avec un chaud dévouement.

Mais un député libéral anglais évaluait un jour à Ottawa aux trois quarts la proportion des émigrants qui repartent, dépréciant la valeur de la terre et devenant au dehors des détracteurs du Canada. Il serait sans doute puéril de prétendre que tous les émigrants sont des laborieux, résolus au travail incessant. Dans beaucoup de cas, l'immigrant n'est pas toujours, si vous voulez, la crème, le gratin de la société. Mais c'est l'immigrant d'affaires, celui-là. Le Canada, lui, n'a pas à se plaindre de ce chef. Il y est venu et il y vient beaucoup de familles de bons, de braves cultivateurs dont les mains calleuses sont accoutumées

au travail honnête et rien qu'au travail honnête.
Ils ne bluffent pas, ceux-là. Il y est venu aussi des
hommes d'une couche sociale et d'une culture intellectuelle plus élevée, désireux d'apporter le concours de leur intelligence et de leurs ressources.
Ce sont tous ceux-là qui colonisent, et mettent en
œuvre. Si ces cultivateurs, si ces hommes plus
affinés s'en allaient, c'est qu'ils n'auraient pas
trouvé ce qu'ils espéraient rencontrer, et ce serait
regrettable.

Avec un sol fécond et une race d'une intelligence très ouverte, un tel résultat serait tout ce
qu'il y a de plus négatif. Ces réflexions sont ba-
sées, ai-je besoin de le dire, sur des chiffres, et ces
chiffres sont puisés dans les statistiques officielles
et dans les débats du parlement fédéral. J'ai eu
déjà occasion de les commenter dans un journal
de Québec.

Voilà le recensement de 1891. En dix ans,
886 171 émigrants sont venus avec l'intention de
s'établir au Canada. La population du pays devait
être de 5 390 000.

Comptons. Immigrants d'une part, leur progression normale de l'autre, la progression canadienne enfin qui peut être évaluée à 2,25 0/0

par an, chiffre bien supérieur antérieurement.
Total : 6 400 000, se décomposant ainsi : population 4 324 000 ; immigration, 886 000 ; augmentation normale de la population, 1 077 000 ; des immigrants 110 000.

Or, le recensement accusait 4 829 000, soit une maigre augmentation de 500 000 à peine pour dix ans. Perte, 1 568 000. C'est donc 400 000 immigrants qui avaient réémigré à peine arrivés.

Il est fort malaisé d'établir la cause d'une telle situation. Les conservateurs — protectionnistes — détenaient en 1891 le pouvoir au gouvernement fédéral, alors que les libéraux le possédaient au gouvernement provincial de Québec. Les *rouges* (libéraux) en accusaient le système de gouvernement des *bleus* (conservateurs). Ils dénonçaient l'augmentation des taxes, l'accroissement des dépenses des travaux publics, et ne se gênaient pas non plus pour flétrir un régime de pots de vin et de gaspillages. Ce n'est point à un étranger à juger, et je m'abstiens.

M. Laurier a depuis fortement réagi.

Les libéraux ont, en effet, enlevé le pouvoir à leurs adversaires, et pour la troisième fois en octobre dernier, les élections ont redonné à sir

Wilfrid sa majorité. La question émigration a été modifiée par lui : un impôt de 125 francs frappe chaque tête d'émigrant et l'examen médical est obligatoire pour tous. Ce sont précautions sages après tout. Mais elles expliquent que l'an dernier le nombre total des émigrants arrivés au Canada pour les cinq premiers mois de l'année ait été de 80 000 contre 132 000 en 1907. On préfère la qualité à la quantité, et de plus de grands efforts sont faits pour ramener les Canadiens qui vont se perdre dans le flot des États-Unis.

Il faut ajouter que, par contre, les Yankees viennent de leur côté nombreux au Canada, surtout dans l'Ouest.

En huit mois — du 1er janvier au 1er septembre 1908 — il est entré au Canada près de 41 000 citoyens de la république étoilée, dont la plupart ont pris des terres dans l'Alberta et la Saskatchewan.

On tient que, en 1907, plus de cinquante mille citoyens des États-Unis ont franchi la frontière et sont venus résider dans l'ouest canadien. Ils y ont apporté 70 millions de francs.

Ce n'est ni l'admiration des institutions britanniques ni le simple désir de faire de la colonisation ou de l'agriculture qui ont induit ces gens à

quitter leur pays pour aller s'établir plus au nord.
Ce qui les a déterminés, c'est que la culture y ré-
munère mieux que chez eux.

Et voici, pour finir sur la question économique,
une histoire très authentique. Je la signale, parce
que elle s'est passée au Manitoba et non à Québec,
et parce que, aussi, on a apporté depuis un remède à la situation qu'elle révélait.

J'ai dit, au cours de ces pages, que j'avais amené
au Canada un jeune homme qui venait y apprendre l'agriculture et que sa famille devait rejoindre. On ne saurait donc lui reprocher, comme
on le fait là-bas, de s'être cantonné dans les procédés européens... Non, car il resta un an dans
une école d'agriculture de la province de Québec.

Qu'était-il devenu? Je l'avais perdu de vue en
rentrant en France. La vie est ainsi faite. Et je
pensais que jeune, rejoint par les siens, à la tête
d'un capital suffisant, il menait une ferme prospère... Hélas !

Il y a quelque temps, à ma vive surprise, je le
rencontrais par hasard sur le boulevard Mont-
martre. Je donnais un vigoureux shake-hand à
mon gentlemen-farmer, puis j'appris qu'il était à
Paris... apprenti bijoutier.

L'histoire était brève et triste. Son année passée à
l'école d'agriculture, sa famille était venue tout entière au Canada : père, mère, un frère plus jeune,
une sœur. Un autre frère, sous les drapeaux, n'attendait que sa libération pour les rejoindre. Cette famille apportait une trentaine de mille francs. Elle
était donc dans les meilleures conditions requises
pour réussir : des bras, des capitaux, de l'énergie...
Ils étaient tous partis pour le Manitoba. A
Winnipeg, on les avait expédiés dans une paroisse
éloignée où ils arrivèrent un beau soir. Il y avait
une façon d'hôtel qui ne répondit même pas à
leur appel. Ils couchèrent où et comme ils purent.
Ils achetèrent un lot, mais dans des conditions
inexploitables. En quelques mois, ils avaient
mangé le meilleur de leur argent... Ils abandon-
nèrent tout et revinrent en France, allégés de leur
pécule... Et notre agriculteur était bijoutier.

Je ne l'ai pas revu...

Cette histoire est triste. En voici une amu-
sante. Elle montrera, comme disait Ésope, à quel
point l'administration que l'Europe ne nous
envie plus est routinière... Oh ! la fooorme.

J'avais promis de prendre quelques renseignements sur la question d'une ligne française de pa-

quebots, non résolue encore à ce moment, et dont
un groupe était prêt à s'occuper.

J'en entretins officieusement le consul général
de France, un type parfait de galant homme et de
fonctionnaire aimable. Il s'était occupé lui-même
de l'affaire et n'aurait pas été fâché sans doute de
la voir aboutir.Nous causâmes des négociations en-
gagées, des subventions éventuelles,des primes à la
Navigation. Or, notre représentant avait envoyé au
ministère du Commerce un dossier complet,et,fina-
lement, avec la plus extrême correction, il me dit :

— Puisque vous rentrez en France, allez au Commerce où l'on vous communiquera toutle dossier et
les rapports que j'ai fournis. Vous agirez ainsi en
pleine connaissance de cause.

A mon départ de New-York, le baron de T.
m'écrivait de Paris :

« Vos deux lettres nous ont vivement intéressés.
« Pour le moment nous laissons au second plan
« toutes autres questions que celle de la ligne di-
« recte qui est d'actualité. Aussi bïen, c'est de ce
« côté-là que M. de B. espère une solution actuelle.
« Comme il vous l'a dit, il possède tous les élé-
« ments, financiers et autres, en main pour abou-
« tir. »

De retour à Paris, je me rendis au ministère. Je fus renvoyé de Caïphe à Pilate. Je fis de longues promenades dans les couloirs, presque aussi longues qu'à la bâtisse du gouvernement à Québec. Des chefs de bureaux nombreux me reçurent, et me répondirent, les uns blanc, les autres noir. Je finis par écrire et c'est après quelques jours de reflexion qu'on me répondit. On refusait de me communiquer le dossier, parce que l'affaire « n'avait pas encore reçu de solution ».

Vous entendez bien ? L'affaire n'avait pas reçu de solution... Eh bien ! n'était-ce pas précisément pour cela que je demandais des renseignements ?... Solutionnée, je n'avais plus à m'en occuper...

Je ne suis pas un homme d'affaires, oh ! pas du tout. Et devant tant de candide insouciance, qui désarme, je cessai toute démarche, puisqu'il faut qu'une affaire soit liquidée pour qu'on s'en puisse s'occuper.

Comme dans le vieux monde, comme aux États-Unis, la question ouvrière existe au Canada, mais naturellement bien moins aiguë, chose compréhensible dans un pays à population si clairsemée. Les diverses associations du métier et du travail y sont organisées, se soudent bien l'une à l'autre et discutent en commun, dans des congrès annuels, les intérêts des laborieux.

L'incident historique des chevaliers du travail aux États-Unis y eut bien sa répercussion. Mais tout est apaisé : les chevaliers du travail avaient été condamnés par Mgr Taschereau, archevêque de Québec. L'épiscopat américain s'émut et Rome intervint après une délibération où soixante évêques sur soixante-trois déclarèrent que « ni la justice, ni la prudence » ne réclamaient la condamnation. Le cardinal Gibbons fut le maître ouvrier en cette affaire. Et ce sont, au total, des figures singulièrement attachantes que celles de ces évêques américains, fils de leur siècle et dont Gibbons et Ireland sont les types les plus caractéristiques : évêques démocrates tout autant que catholiques.

Je me trouvais à Québec au moment où s'y tenait la sixième ou septième session qui avait eu lieu l'année précédente à Ottawa. Quel spectacle intéressant !... On fait là-bas des cortèges monstres à propos de tout.

Près de cinq mille ouvriers assistaient à la procession — il n'y a pas d'autre mot à employer — qui inaugura la fête du travail. Ils se rendaient en corps à une messe demandée par le corps de métiers des « tailleurs de cuir ».

Et l'on voit tout de suite que cette fête du travail n'a aucun lien de parenté avec ses similaires d'Europe. Le mot de « fête » n'était au surplus ni une métaphore ni un paradoxe : tous les magasins sont fermés, tous les ateliers chôment, les journaux ne paraissent pas, non par peur, mais pour s'associer à la manifestation ouvrière. Une proclamation du maire avait invité les habitants à pavoiser les maisons.

Or, ces quatre ou cinq mille hommes marchaient dignement, pacifiquement, des deux côtés de la rue, revêtus de leurs insignes corporatifs et précédés de leurs bannières ou drapeaux. Cavalcade et procession tout à la fois. Ainsi, sur le char de la typographie, une petite machine tirait des imprimés qui étaient jetés à la foule. Mais, par contre, le lieutenant-gouverneur, les ministres provinciaux, le maire et le conseil municipal marchaient à la fin du cortège dont une musique militaire rehaussait l'éclat.

Il existe généralement, dans les délibérations de ces congrès, une décence, un calme sur lequel beaucoup en Europe pourraient prendre modèle.

On ne passe pas le temps à injurier le capital et le patronat : cela n'empêche pas de défendre vigoureusement les droits du travail. Je ne fais point ici une œuvre d'économie sociale. Je ne puis résister cependant au désir de dire quelques mots de ces congrès dont les délibérations sont imprimées et constituent des archives fort utiles pour l'étude de la question sociale.

A Ottawa, je vois les délégués des conseils centraux des métiers et du travail de Québec et Lévis, de Montréal, Toronto, Vancouver, Ottawa, London, Windsor, les assemblées de districts de Montréal, Québec, Toronto, Saint-Thomas, Sainte-Catherine, l'association des mineurs de Vancouver, les unions typographiques de Toronto, Ottawa, Montréal, Québec, London, Vancouver, les pressiers et les relieurs d'Ottawa, les charpentiers de Toronto, les journaliers, les mouleurs en fonte de Smiths-Falls, les cigariers de Montréal, les plâtriers, briquetiers, maçons, carrossiers, tailleurs en cuir, tailleurs, cordonniers, cochers, enfin un très grand nombre d'assemblées locales mixtes et renfermant tous les corps de métiers...

Le congrès adresse tout d'abord ses sympathies aux mineurs de Wellington dans la Colombie anglaise, lesquels sont en grève pour faire reconnaître leur association et la journée de huit heures. Puis il vote une motion d'ordre intérieur qui serait parfois fort utile dans nos Parlements. Un membre propose que nul orateur ne puisse parler plus de deux fois sur la même question — et plus de cinq minutes chaque fois. La motion est adoptée : *time is money*. Et puis, on n'aime pas les bavards.

Voici la question de l'immigration. Le Congrès en majorité désire qu'on ne la favorise que le moins possible. Il demande qu'on interdise l'immigration des étrangers par contrat ou engagement comme aux États-Unis ; qu'on cesse d'aider pécuniairement au transport des ouvriers étrangers, et que, s'il est besoin de bras, on encourage les citoyens indigènes à s'établir comme cultivateurs. Le Congrès proteste contre le payement du prix de passage aux immigrants. Enfin, à une autre séance et après une longue discussion, il vote une résolution que je reproduis dans son texte pittoresque :

« Attendu que la dépense continue, systématique et de plus en plus grande, de grandes sommes des deniers publics pour aider à faire venir de l'étranger des ouvriers, des journaliers, des pauvres, des indigents, des orphelins et des enfants ayant des

habitudes vicieuses, corrompues et criminelles,
est une injustice grossière faite à la population canadienne et tout spécialement aux classes ou-
vrières ; qu'il soit résolu que c'est un devoir im-
périeux pour le gouvernement fédéral et pour les
gouvernements provinciaux de faire cesser cette
dépense et en même temps d'exercer une stricte
surveillance pour prévenir l'introduction au Canada
de ces pauvres, indigents, orphelins et enfants aux
habitudes vicieuses, corrompues et criminelles,
qu'ils soient envoyés par autorité du gouvernement impérial ou qu'ils nous arrivent autrement. »

A dire vrai, c'est un peu comme cela, *ab hoc et
ab hac*, que se sont faits les États-Unis. L'on comprend très bien les desiderata légitimes des ouvriers, même leur désir de s'établir cultivateurs.
Leur point de vue moral est fort louable. Comment,
d'autre part, peupler, sans le secours d'éléments
étrangers, un pays qui, plus grand que l'Europe,
n'a guère plus de six millions d'habitants ?

La question de l'immigration chinoise, aiguë
aux États-Unis, préoccupe semblablement les Canadiens. Le conseil des métiers de Victoria se
plaint de l'accroissement de la population jaune,
déjà trop nombreuse, au Canada. Cet afflux peut

être attribué aux lois restrictives adoptées par les États-Unis. Mais il est aussi évident que « les capitalistes de la Colombie britannique favorisent l'immigration chinoise au grand détriment du travail honorable des blancs ». Le Chinois envahit tout graduellement et influe sur le prix du travail. Il exerce aussi, paraît-il — et le grief est sérieux, — une désastreuse influence sur les mœurs des blancs. « Des milliers de jeunes gens de la côte du Pacifique, aujourd'hui ruinés physiquement et moralement, peuvent attribuer leur épuisement aux Chinois, qui leur ont enseigné la terrible habitude de fumer de l'opium. »

Comme corollaire, le Congrès demande au gouvernement canadien l'interdiction légale de la main-d'œuvre chinoise et de l'admission, à quelque titre que ce soit, « de ces sortes d'immigrants nuisibles ». Et tout propriétaire de mines employant des fils de l'Empire du milieu sera frappé d'une amende de 2 500 francs.

Bref, tous les sujets sont abordés. Vous trouvez des délibérations et des votes sur les grèves, l'embauchage, la conspiration, les femmes, la presse, le recensement, la tempérance, l'immigration, la protection, le libre-échange, les télégraphes... La

politique pure est même abordée : témoin cette
résolution bien caractéristique :

« Le Congrès est d'opinion que les habitants du
Canada sont capables de trouver parmi eux un
homme qui puisse remplir les fonctions du gouverneur-général du Canada, qu'il soit, en conséquence,
résolu que l'on demande, au nom du peuple canadien, le privilège d'élire à l'avenir le gouverneur-général, au lieu de le laisser nommer par le gouvernement anglais ». Je tiens, quant à moi, ce vœu pour
on ne peut plus légitime, encore qu'on puisse sou-
tenir que cette magistrature confiée à la haute
aristocratie anglaise peut avoir des avantages.

Et l'on vote successivement des résolutions touchant les équipages des navires, l'octroi des travaux d'imprimerie aux unions typographiques, la
nomination d'inspectrices du travail des femmes,
les travaux particuliers faits par les agents du gouvernement et qui constituent une concurrence —
tout, comme en France, par parenthèses, les subventions aux écoles primaires, le payement heb-
domadaire des ouvriers, l'enseignement gratuit et
obligatoire, l'autorisation de créer des banques
nouvelles, la protection des cigariers par la taxa-
tion des cigares importés, objet de luxe, l'observa-

tion du dimanche, les mesures en faveur de la température, le suffrage universel, les droits sur « les machineries importées et qui prennent la place de la main-d'œuvre ».

Au Canada, les télégraphes et le téléphone sont entre les mains de sociétés privées — généralement des Compagnies de chemins de fer. Le Congrès ouvrier demande au gouvernement fédéral de prendre possession des chemins de fer, télégraphes et téléphones du pays à un prix « qui sera déterminé par des arbitres compétents, et de les exploiter dans l'intérêt public ». C'est un début dans le socialisme d'État. Du moins l'expropriation ne va pas sans indemnité.

Tout cela est un peu touffu, mais c'est caractéristique. Pour achever cette revue rapide, qui est loin d'être sans intérêt pour nous, et montrer le degré d'éclectisme de ces Congrès, voici un télégramme envoyé par une union de femmes et dont le congrès vote l'insertion au procès-verbal :

« Assurément, mes frères, l'organisation a fait beaucoup pour vous, mais le scrutin encore plus. Le scrutin ne ferait-il pas autant pour les femmes qui travaillent ? Un mot de votre assemblée en faveur de la tempérance réjouirait fort les femmes qui travaillent pour Dieu, pour la famille et pour l'humanité ».

Ce mot, le Congrès le fit entendre. La galanterie s'accordait ici avec l'hygiène.

Je l'ai dit et je le répète à dessein : ces Congrès commandent vraiment le respect et la sympathie par leur dignité. Ils traitent les questions les plus délicates avec une sûreté et un doigté remarquables. Sans doute cela vient de ce que leurs membres s'occupent d'intérêts professionnels et conspueraient les agitateurs politiciens et les gréviculteurs qui viendraient, comme en Europe, mêler leurs utopies aux discussions sérieuses.

Ne croyons pas que ces ouvriers soient sans culture. Il y a, parmi les délégués, des intelligences remarquables, et l'esprit a parfois son tour. A Québec, un jour, un membre se levait pour protester contre un article d'un journal de Toronto, *Le Labor advocate*, sur l'immigration. Au cours de son petit speech, il dit ne pas connaître l'auteur de l'article : *I don't Know who*. Aussitôt M. O'Donoghw, de Toronto, de se lever, et jouant sur la prononciation de son nom : *It is not me*, répliquat-il : « Assurément ce n'est pas moi ».

Chaque année, la fête du Travail se célèbre ainsi,

véritable fête qui n'emprunte son éclat qu'à un sain esprit de confraternité et de solidarité mutuelle. Il y a quelques mois, en septembre dernier, c'était à Montréal que vingt mille hommes, représentant tous les corps de métiers, défilaient en un cortège imposant. Il faut souligner ce fait, encore plus inconnu en France : cette procession immense, dont l'Amérique a le secret — et la liberté, — comprenait dans ses rangs les nombreux grévistes du Canadian Pacifique-Railway. La grève a duré longtemps, mais les grévistes ne se sont jamais départis du calme et de la tranquille fermeté qu'ils mettent à revendiquer leurs droits. Aussi était-ce la sympathie et non la crainte qui s'en allaient vers ces 1 500 travailleurs arborant au chapeau la cocarde de la grève...

Ce sont les organisations syndicales qui président à la fête et c'est ce caractère qui met ces journées en plein relief. D'ailleurs, le gouvernement, imprimant à la fête une sorte de note officielle, en avait fait un jour de chômage général et *légal*.

En quelque ville que se tiennent ces congrès, c'est toujours la même chose. Dans ces quinze ou vingt mille hommes défilant en bon ordre, tous les genres de profession figurent, depuis le vendeur de journaux jusqu'au mécanicien, depuis le ciseleur joaillier jusqu'au tailleur de pierres... depuis l'union des « coupeurs de hardes en gros » jusqu'à l'union des poseurs d'affiches.

La fraternité n'exclue pas chez eux la volonté. Dans les rangs grévistes flottaient trois grandes banderolles blanches portant en anglais et en français ce mot qui était une devise : « Nous ne nous rendrons pas ». Chaque gréviste avait à son chapeau une pancarte également blanche indiquant ses revendications. Beaucoup agitaient des fanions aux couleurs de leurs associations syndicales. Et, par contraste, chez ces oisifs volontaires, quel calme, quel ordre, quelle contenance mâle, quelle dignité !...

Et c'était, au passage de chaque association, les chauds applaudissements de la foule faisant la haie. Et c'était peu banal, ces gens vêtus « en dimanche », la redingote un peu défraîchie, le haut de forme démodé, mais la poitrine enrubannée d'insignes, criblée d'emblèmes distinctifs et corporatifs.

Le tout s'accompagnait d'une musique joyeuse. Que dis-je, d'une musique? Il y avait là dix ou douze fanfares pour donner le rythme et l'allure à la procession...

En tête, une escouade de police à cheval, puis les cinquante ou soixante corporations diverses. En queue, l'échevin représentant le maire de Montréal et plusieurs députés.

Après la procession, fêtes champêtres en dix endroits différents. Ce n'est pas l'*Internationale* qui y retentit, ni des chants de haine, mais les fusées de rire des enfants, les chansons gaies et les accords des orchestres...

La journée avait commencé par d'imposantes cérémonies religieuses et des sermons de circonstance.

Là, pas de ces interminables autant que vides discours de députés socialistes qui ne connaissent rien au travail puisqu'ils ne voient les ouvriers que lorsqu'ils ne travaillent pas et sont en grève... Et c'est un congressiste jovial qui m'a éclairé sur les trois-huit dont on parle tant. En réalité, il s'agit des quatre-huit, lesquels sont énumérés dans une vieille chanson anglaise dont voici le texte :

Eight hours to work... Eight hours to play,
Eight hours to sleep... Eight shellings a day.

> Huit heures de travail,
> Huit heures de plaisir,
> Huit heures de sommeil,
> Et... *huit shellings par jour.*

La question capitale du Pont de Québec doit trouver naturellement sa place ici, car il s'agit d'une question économique au premier chef.

Il y a déjà un pont sur le Saint-Laurent, près de Montréal : le pont Victoria qui remonte à 1860 et fut considéré alors comme la huitième merveille du monde. Refait dans de nouvelles proportions, depuis, avec les éléments que les progrès de la science ont fournis au génie industriel, il a été terminé en 1899 et constitue une œuvre d'art dont Montréal est fière à juste titre.

Mais Québec demeurait bien éloignée et, comme on dit aujourd'hui, en dehors de la sphère d'influence de ce gigantesque travail. Il était nécessaire, avec le nouveau grand Tronc Pacifique, avec les lignes plus petites, mais nombreuses, qui desservent ou vont desservir le sud et le nord de la province, de créer un nouvel organe de transport, de relier les deux rives du Saint-Laurent plus en aval du fleuve. C'est là la genèse du pont de Québec qui devait s'édifier à 8 kilomètres environ en amont de Québec.

M. Ulrich Barthe, dont j'ai déjà eu l'occasion de parler et qui est devenu secrétaire de la Compagnie du Pont — du Pont tout court, — m'expliquait il y a quelques années, mieux que je ne le saurais faire, l'économie générale de l'œuvre. Et je lui laisse la parole. La question, pour technique qu'elle soit, intéressera, j'en suis certain, nos lecteurs français.

« La ville de Québec, la plus ancienne de l'Amérique Britannique du Nord, a toujours souffert, depuis l'ère des chemins de fer qui chez nous date des environs de 1837, de l'isolement où la reléguait sa position géographique au nord du fleuve Saint-Laurent. Le grand pont Victoria, ouvert en 1860, avait fait Montréal, sa grande rivale de l'intérieur, laquelle, jusqu'au tiers du siècle dernier, était encore inférieure au point de vue de la population.

« Encore à l'heure qu'il est, Québec n'est reliée au réseau continental que par un seul chemin de fer, et encore n'est-ce que depuis à peine vingt-cinq ans, et cette ligne de raccordement n'est-elle qu'un simple embranchement du Pacifique Canadien (par abréviation le C. P. R.). Par suite de cette situation anormale, qui a déjà fait dire que Québec n'est dans la Confédération que pour payer les impôts, notre vieille capitale, à eau profonde partout, comme commerce n'a que six mois d'existence par année ; l'hiver, elle dépense ce qu'elle a gagné l'été.

Historique du Pont de Québec.

« Aussi, depuis plus de cinquante ans rêve-t-elle d'un pont qui la reliera directement par rail avec le reste du monde. En 1851, il fut bien question d'un pont suspendu ; mais le tragique écroulement d'un minuscule ouvrage de cette espèce au-dessus de la chute de Montmorency, aux portes mêmes de la ville, découragea les instigateurs de l'entreprise. Le projet dormit jusqu'en 1887, date de la formation première de la Compagnie actuelle ; mais il n'était pas encore mûr. Il a été sérieusement repris en 1897, lorsque M. Laurier devint premier ministre du Dominion. La Compagnie se réorganisa sur des bases solides, et après mûre étude put adjuger les travaux en 1900, grâce à une subvention de 1 000 000 dollars du gouvernement fédéral, de 250 000 dollars du gouvernement provincial et de 300 000 dollars de la Cité de Québec, ainsi qu'à 200 000 dollars de capital-actions souscrit par les citoyens.

« Les années 1901 et 1902 furent employées à la construction des fondations entreprises par

M. M. P. Davis, entrepreneur canadien ; les grandes piles du large, construites sur caissons pneumatiques, furent enfoncées à de grandes profondeurs dans le lit du fleuve, celles de la rive sud — où vient de se produire l'écroulement de la superstructure — à 80 pieds au-dessous de la ligne de haute marée.

« En 1903, l'entreprise fit relâche, en attendant la législation qui décida la construction du nouveau grand chemin de fer Transcontinental canadien, dont le Pont de Québec doit être un chaînon. L'année 1904 se passa à faire les voies d'approche pour permettre le transport des matériaux de la superstructure, entreprise par une compagnie de Pensylvanie, la « Phœnix Bridge Company », qui y travaille depuis 1905.

Travaux gigantesques.

« A une distance de 4 milles et demi (soit un peu plus de 7 kilomètres) des limites de la ville, le fleuve Saint-Laurent rapproche ses rives en une sorte de gorge encaissée entre deux côtes escarpées, d'une élévation de 200 pieds. C'est le point le plus étroit de notre grand fleuve sur tout son parcours de 700 milles depuis le Lac Ontario jusqu'au golfe. La nature semble y avoir désigné l'emplacement du viaduc aérien nécessaire à l'établissement de communications directes entre les réseaux de chemins de fer du sud et du nord. L'écart entre les escarpements de l'une et l'autre rives est à peu près exactement d'un kilomètre (environ 3 300 pieds): entre les grèves proprement dites, il varie de 2 500 pieds à haute marée à 1 895 pieds dans les plus basses eaux.

« Mais, si le fleuve est relativement étroit en cet endroit, le fond s'affaisse brusquement à une faible distance des bords, jusqu'à atteindre une profondeur de 182 pieds (environ 60 mètres) au centre du chenal, ce qui explique la longueur exceptionnelle de la portée centrale du pont en construction : 1 800 pieds (près de 600 mètres) d'axe en axe des grandes piles. C'est la plus longue travée de pont que le génie civil ait encore tenté de construire ; elle dépasse de 90 pieds les portées du pont de Forth, et de 300 pieds celle du pont de Brooklyn.

« Je ne vous ennuierai pas de détails techniques qui sont déjà du domaine encyclopédique. Il suffira de dire que les maçonneries de sous-œuvre se composent de deux culées, deux piles d'ancrage et deux grandes piles ; que la superstructure comprend deux travées d'approche, indépendantes et fixes, de 240 pieds chacune entre les culées et les piles d'ancrage, de deux grandes travées du système cantilever de 1 060 pieds chacune, formant balancier à cheval, sur chacune des grandes piles, et enfin d'une travée centrale de 680 pieds ; longueur totale, 2 280 pieds (soit le kilomètre). Le tout laissant à la navigation de mer un passage libre de 150 pieds de hauteur sur une largeur de 1 300 pieds de chenal. »

Hélas ! Il y a loin de la coupe aux lèvres. Et le tricentenaire de Québec n'a pas vu la réalisation de cette œuvre grandiose comme tout ce qui est américain. C'est avec un serrement de cœur qu'on évoque, aujourd'hui, la catastrophe qui arrêta, il y a deux ans, toutes ces espérances.

Le 29 août 1907, en effet, à 5 heures du soir, le pont de Québec, toute la partie construite de l'immense cantilever, s'effondrait, ensevelissant quatre-vingts travailleurs et arrêtant, pour un temps dont on ne saurait fixer la durée, la continuation des travaux. Cette catastrophe reste gravée dans les annales de Québec, et dans les familles frappées de deuils.

J'ai sous les yeux deux photographies, l'une

prise quelques jours avant l'accident, l'autre prise dès le lendemain du désastre. Le 29 août, le jour fatal, une section était montée, et l'on commençait la suivante. Le spectacle, après la catastrophe, est frappant. Effondrement vertical de l'énorme superstructure, représentant 12 000 tonnes d'acier et laissant intactes les piles en maçonnerie.

La première émotion, sinon calmée, du moins atténuée, une double enquête commençait, menée, parallèlement, par une commission gouvernementale et une commission parlementaire nommée par la Chambre des communes. Les conclusions de la commission royale ont été assez sévères. Elles reprochent surtout à la Compagnie de n'avoir pas choisi un ingénieur en chef dont le contrôle eût été de tous les instants. Quoi qu'il en soit, le gouvernement fédéral va se charger de la reprise du pont et de son achèvement.

IV

LE TRICENTENAIRE DE QUÉBEC

Le 3 juillet 1608, Samuel de Champlain écrivait
sur son journal :

« De l'iſle d'Orléans iuſques à Québecq, y a vne
lieue et y arriuay le 3 juillet... où eſtant, ie cher-
chay lieu propre pour notre habitation, mais ie
n'en peu trouuer de plus commode, ny mieux
ſitué que la pointe de Quebecq, ainſi appellé des
fauuges, laquelle eſtoit remplie de noyers. Auſſitoſt
j'employiay vne partie de nos ouuriers à les
abbatre pour y faire noſtre habitation, l'autre à
scier des aix, l'autre fouiller la caue et faire des
foſſez : et l'autre à aller quérir nos commoditez à
Tadouſſac auec la barque... La première choſe
que nous ſiſmes ſut le magazin pour mettre nos
viures à couuert, qui ſut promptement fait par la

9*

diligence d'vn chacun, et le foin que j'en eu. »

Et c'est ainsi que Champlain prit possession de Québec et commença ce qu'on appellerait aujourd'hui une première installation de fortune.

Ce magasin des vivres fut placé au point précis où se trouve actuellement l'église de la Basse-Ville.

Pendant que les travaux de construction se continuaient, Champlain fit défricher le terrain voisin de l'habitation; il y fit semer des graines de jardin et du maïs, qui réussirent fort bien, il fit aussi planter des vignes du pays dans l'espérance que plus tard on en pourrait tirer parti.

Une trentaine d'hommes restèrent à Québec avec Champlain ; ils continuèrent pendant l'automne les travaux et durant l'hiver furent occupés à transporter le bois de chauffage pour l'habitation. Cet ouvrage fut retardé par le « mal de terre » qui enleva une grande partie des travailleurs. Huit seulement survécurent aux attaques de ce terrible fléau, et encore plusieurs d'entre eux étaient considérablement affaiblis vers la fin de l'hiver. La santé revint cependant avec le printemps, qui se montra vers le commencement d'avril, la neige était dès lors entièrement disparue.

« La petite colonie française venait, dit un histo-

rien de la conquête, de s'asseoir sur les bords du
Saint-Laurent ; mais, avant de s'attacher ferme-
ment au sol, elle était condamnée à essuyer bien
des tempêtes, à être décimée par les maladies,
tourmentée par les Iroquois, attaquée par ses voisins de la Nouvelle-Angleterre. Pendant longtemps,
elle paraîtra sur le point de périr ; mais, avec
l'aide de la Providence, elle prendra vigueur et
finira par se naturaliser sous le ciel vigoureux du
Canada. »

C'est ce tricentenaire de sa fondation que Québec
a célébré en juillet dernier par des fêtes splen-
dides, par des démonstrations énormes, par des
solennités vraiment grandioses. Le drapeau tricolore y a flotté librement sous le grand ciel bleu
en même temps que le prince de Galles venait pré-
sider aux fêtes. Quelque chose d'ailleurs leur survit,
qui s'est poursuivi parallèlement à elles, mais sans
en faire partie : je veux dire le rachat par le gouvernement de Québec, et la transformation en un
parc national des plaines d'Abraham, le champ
de bataille où sonna l'heure triste qui livra le Canada à Albion. Là, deux héros, Montcalm et Wolfe,
trouvèrent une mort également glorieuse.

Pour ce rachat du champ de bataille, le gouvernement fédéral a fait voter par les Communes un million et demi, et, en une manifestation de solidarité qui leur fait honneur, les autres gouvernements provinciaux s'y sont associés.

Je ne me rappelle pas sans une émotion intense la longue visite que je fis aux plaines d'Abraham en compagnie de l'abbé Casgrain. Il revoyait à ce moment les épreuves de son livre magistral *Montcalm et Lévis* et j'eus la bonne fortune de lui donner ma modeste collaboration pour cette revision...

Oh! les bons moments! Les aimables causeries lorsqu'il m'invitait à dîner et suppléait à mon ignorance dans l'art d'ouvrir les huîtres! Et aussi les exquises promenades faites avec cet esprit net, clair, averti et servi par une vision très aiguë des choses du passé. Et c'est ainsi que j'ai visité la plaine d'Abraham.

. A deux kilomètres de Québec à peine, la plaine d'Abraham tire son nom d'un des premiers colons du Canada, le pilote Abraham Martin, un patriarche lui aussi, dont le neuvième fils fut le deuxième prêtre canadien ordonné dans la Nouvelle-France.

On comprenait autrefois sous cette dénomination de plaines d'Abraham tout le plateau situé entre le chemin de Sainte-Foye et la falaise qui borde le Saint-Laurent. Maisons, villas, jardins, se sont créés çà et là. Il s'agit aujourd'hui surtout d'un terrain inculte qui sert aux manœuvres militaires. Il appartient, en partie au moins, aux Ursulines de Québec, et le gouvernement fédéral en avait la jouissance en vertu d'un bail emphythéotique expiré en 1902, je crois.

C'est sur ce point qu'eut lieu l'effort suprême du 13 septembre 1759 et la célèbre bataille gagnée sur nous uniquement par surprise. A l'entrée se dresse aujourd'hui une colonne de pierre surmontée d'une épée et d'un casque avec l'inscription en anglais :

Ici mourut Wolfe victorieux.

Un autre souvenir, le « monument des braves », consiste en une colonne de bronze cannelée sur un piédestal dont les coins soutiennent quatre mortiers de bronze également. Une des faces porte l'inscription : « Aux braves de 1760. Érigé par la société Saint-Jean Baptiste de Québec, 1860 ». Du côté de la ville, les armes de l'Angleterre et le nom de Murray, le successeur de Wolfe. Du côté de Sainte-Foye, celui de Lévis avec les fleurs de lis de

France. Une statue de Bellone, de trois mètres de hauteur, couronne le monument qui a lui-même vingt mètres de hauteur.

Avec l'abbé Casgrain, j'ai fait le tour du champ de bataille, Il l'avait étudié, fouillé avec l'amour du patriote, la curiosité et la probité de l'historien. Il s'en était si fortement imprégné, qu'il en parlait, je dirais presque, en stratège.

Chose singulière! les deux généraux ennemis qui allaient être ensevelis dans le même linceul de gloire étaient l'un et l'autre, à la veille du heurt suprême, assaillis de tristes pressentiments. Montcalm, au coucher du soleil, descendit au rivage de Beaupré. Sa parole, à mesure que la nuit tombait, devenait plus émue. Il était hanté de la pensée d'un danger prochain qu'il ne pouvait préciser, et recommandait sans cesse de surveiller tous les points, même les plus invulnérables.

A la même heure, Wolfe avait les mêmes pressentiments d'une mort prochaine. Il fit ses dispositions testamentaires, puis s'embarqua sur le Saint-Laurent. Assis à l'arrière du canot qui filait dans le silence profond à la faveur de l'obscurité, il se mit à réciter une élégie de Gray, récente, sur

un cimetière de campagne, et, pensif, redit deux
fois ce vers :

The paths of glory lead but to the grave.
Le sentier de la gloire ne mène qu'à la tombe.

— J'aimerais mieux avoir fait cette élégie que de
prendre Québec, murmura-t-il.

— Qui vive ! cria à ce moment une sentinelle.

— France ! répondit un capitaine écossais qui
parlait très bien le français.

A partir de ce moment, le destin semble s'appe-
santir sur la petite et vaillante phalange française.
La sentinelle ne demande pas le mot de passe. Elle
croit que c'était un convoi de vivres attendu et laisse
passer. Bougainville, chargé de la défense, semblait
depuis quelques jours, frappé d'aveuglement. Ses
ordres lui enjoignaient de garder sur les hauteurs
d'Abraham un régiment. Il le laissa partir. Les
Anglais parvinrent à escalader la côte... On sait le
reste. Durant tout l'été on avait eu sous les yeux
l'infatigable vigilance de Lévis qui n'avait jamais
été mise en défaut. Malheureusement, Lévis n'était
plus à Québec.

Tout est inexplicable dans cet événement. Il

n'avait fallu aux Anglais que la peine d'une montée difficile. Et tout ce qui aurait dû faire échouer cette tentative avait conspiré pour sa réussite.

Sur les lieux, l'abbé Casgrain me disait toute cette série de malchances.

Le régiment de Guyenne, posté sur les plaines d'Abraham, avait été retiré, contre toute raison, à l'insu du gouverneur.

Le poste principal n'avait pas été renforcé malgré les ordres donnés.

Deux déserteurs révélèrent à Wolfe le passage projeté du convoi de vivres.

Ce passage, annoncé aux postes, n'eut pas lieu. On négligea de contremander l'ordre et de les en prévenir.

Un déserteur anglais s'évada bien, mais avant de connaître, malheureusement, la proclamation de Wolfe, et ne put ainsi révéler le projet de descente.

Le soir du 12 enfin, presque tout le monde avait eu permission de s'absenter.

Bougainville, qui avait toujours suivi pas à pas la flotte anglaise, la vit descendre dans la nuit fatale du 13 et ne la surveilla pas.

Enfin, le commandant du poste n'exerçait aucune vigilance et dormait profondément au moment du débarquement des Anglais.

Si une seule de ces chances avait fait défaut, la descente aurait été vraisemblablement empêchée, ou entravée, et peut-être le désastre eût-il été une victoire. L'Angleterre, découragée, aurait renoncé à son projet de conquête et la Nouvelle France serait restée la Nouvelle France.

Le combat, entrepris dans de pareilles conditions de surprise, fut sanglant et acharné. Montcalm, devant la fuite des siens, voulut rallier quelques compagnies à la porte de Québec. C'est là qu'il reçut coup sur coup deux blessures, une à la cuisse, l'autre dans l'aine.

— Ce n'est rien ! cria le général mourant à des femmes qui pleuraient. Ne vous affligez pas pour moi.

Le chirurgien Arnoux, appelé, examina les blessures, puis hocha la tête :

— Mortelle ? interrogea Montcalm.

— Oui, répondit Arnoux sans ambages.

— C'est bon. Combien ai-je encore à vivre ?

— Pas 24 heures...

— Tant mieux ! riposta le mourant. Je ne verrai pas les Anglais dans Québec.

Et il mourut en effet le 14, à 47 ans. Les Anglais n'entrèrent dans Québec que le 17.

Wolfe, lui, frappé de trois balles, était mort sur le gazon où on l'avait étendu, en murmurant à l'annonce de la victoire : « Dieu soit loué ! Je meurs en paix. »

La bataille d'Abraham, au point de vue des forces en présence, ne fut qu'une sanglante escarmouche : les deux armées réunies n'atteignaient pas 10 000 hommes. Les Anglais eurent 700 tués et blessés, les Français 7 ou 800. Mais escarmouche ou bataille, ce combat sonna une date dans le xviiie siècle : l'heure de l'indépendance américaine et celle du départ de la France du Canada, encore que les hostilités aient continué un an.

L'année suivante, en effet, en 1760, Lévis, à la tête de 5 000 hommes, tenta de reprendre Québec. S'il n'y réussit pas, du moins vengea-t-il la mort de Montcalm. Sur ces mêmes plaines où il avait succombé, les Anglais furent défaits et durent battre en retraite, laissant sur le terrain onze cents hommes et toute leur artillerie. Lévis aurait du reste certainement repris Québec, sans l'arrivée d'une flotte anglaise qui, toujours par la même fatalité acharnée après nous, arriva la première.

Car, chose singulière, tout dépendait des premières voiles qui viendraient d'outre-mer. On était épuisé de part et d'autre et il était tacitement convenu que si les premiers vaisseaux arrivant étaient français, les Anglais quitteraient la ville ou que, dans le cas contraire, les Français lèveraient le siège.

— La victoire de 1760 du moins nous assura les clauses honorables de la capitulation de Montréal, me disait à Québec M. Gagnon, alors secrétaire du département des travaux publics, un érudit autant que sympathique Canadien.

Ce sont ces terrains d'Abraham qui vont être acquis et transformés en un parc national. Et nulle pensée n'est plus naturelle. Seulement il était fatal que le projet éclos à l'occasion des fêtes du tricentenaire de Québec, se juxtaposant à ces fêtes, fût un peu discuté. Québec et le Canada, en effet, en solennisant la fondation et le fondateur de la cité clef du Saint-Laurent, n'entendaient pas évoquer que des défaites, quelque héroïques qu'elles fussent. Cette nuance n'échappait point aux Canadiens-Français. Aussi bien deux ou trois mois avant les fêtes, un député remarquait à la tribune qu'on semblait — ou que quelques-uns semblaient vouloir laisser dans l'ombre le véritable héros de l'anniversaire, et, au lieu de célébrer le bon Samuel Champlain, de rappeler au contraire la destruction de son œuvre et de ses espérances. « Champlain disait-il, est presque complètement oublié et on fait de grands efforts pour faire des fêtes une apothéose impérialiste. »

Dans une interview, un membre de la Commission du tricentenaire avait dit, un peu imprudemment :

« Le prince de Galles et la flotte des cuirassés n'arrêteront pas à Halifax. Vu le peu de temps à la disposition de son Altesse Royale, on a dû fixer à la fin de juillet la date de sa visite, quoiqu'on aurait préféré la mettre plus tard dans le cours de l'automne. On se propose de faire venir à la fête des représentants de toutes les possessions britanniques, et même des États hindous, à part les flottes anglaise et française et la milice canadienne. Ce ne sera ni une fête essentiellement canadienne ni même une fête canadienne. Elle aura une portée impériale : — Pendant une semaine, nous ferons des Plaines d'Abraham le centre de l'empire. »

Un député du comté de Montmagny, M. Lavergne, souligna cette situation et mit la question sur son terrain dans une grande harangue que je ne résiste pas au plaisir de citer. C'est de l'histoire en action.

« On ne peut, dit-il, qu'approuver l'action du gouvernement et son vote de subsides pour la célébration du troisième centenaire de Québec, et il est loin de ma pensée de ne pas m'unir à l'idée généreuse de la Chambre.

« Si l'humble marin de Saintonge se levait de la tombe où il dort en attendant le port où l'on ne connaît nulle tempête, Samuel de Champlain sentirait son cœur rempli d'un légitime orgueil et d'une juste fierté à contempler l'œuvre créée par lui.

« Là où, il y a 300 ans, il plantait une pauvre croix de bois, il verrait s'élever une cité prospère. Partout où il porta le drapeau de la civilisation, il verrait un peuple heureux avançant avec confiance vers la mission que la Providence lui a confiée sur la terre d'Amérique.

« Il est probable que le grand découvreur sentirait dans son cœur une certaine mélancolie de ce que le drapeau qu'il avait planté n'abritait plus de son ombre les terres découvertes par lui. Et quelle tristesse ne serait pas la sienne à constater que les lis qu'il suivait et le Christ qu'il aimait étaient exilés de la vieille France ! Mais le père de la patrie sentirait une douce consolation remplir son âme, en voyant que ses fils, unis à l'ennemi, sous la magnanime suzeraineté britannique, continuent son œuvre, fidèles à leurs traditions françaises et catholiques.

« Mais à quoi bon évoquer cette grande ombre ! Il semble qu'au moment où les deux races dans le pays, les deux partis en Chambre s'unissent, où tous les groupes et toutes les pensées se confondent pour fêter le trois-centième anniversaire de l'œuvre de Champlain, le véritable héros de la fête soit rejeté dans l'ombre ; et, au lieu de célébrer Champlain, la pensée dominante paraît être de rappeler la destruction de son œuvre et de ses espérances.

« Le projet de loi s'appelle « Bill concernant les champs de bataille de Québec », et cette loi est demandée pour la célébration du trois-centième anniversaire de la fondation de Québec ; on paraît oublier le principe de la fête pour mettre à sa place une célébration qui serait des plus à propos en 1959. Mais nous ne devrons pas oublier que nous sommes en 1908, et que Québec fut fondée en

1608, et que nous ne célébrons pas le deuxième centenaire de la bataille des Plaines, mais le trois-centième centenaire de Québec. J'apprécie et je comprends l'idée de faire des plaines d'Abraham un parc national ; mais nous ne devons pas oublier notre but présent, le trois-centième centenaire de la fondation du Canada.

« Au « Meeting » tenu au théâtre Russell, à Ottawa, sous les auspices des clubs canadiens, la note dominante était le privilège qu'il y avait à s'associer aux champs de batailles de Québec, qui donnèrent aux Canadiens français un bon gouvernement et une place dans l'empire, aux Anglais la moitié d'un continent et un empire de colonies autonomes, et aux États-Unis leur indépendance.

« Cela peut être excellent, mais je croyais que les Canadiens français avaient conquis leur liberté depuis la bataille de 1759, et ce n'est qu'une vaine figure que de dire que les soldats de Wolfe se battaient pour nous donner la liberté, ou que ceux de Montcalm défendaient leur religion et leur race.

« Ces soldats combattirent chacun pour leur souverain et ne se doutaient guère des grands principes en jeu dans la bataille.

« Mais à voir l'agitation dans le pays, Champlain, le héros de la fête,est presque complètement oublié. Il est devenu lettre morte, et on fait un grand effort pour faire de la fête une apothéose impérialiste.

« Pour moi, cette célébration devrait être exclusivement canadienne : Je suis certain que Champlain, en fondant Québec, n'a pas un instant songé que d'autres colonies anglaises auraient le droit de nommer des commissaires chargés de décider comment l'anniversaire de son œuvre serait célébré.

« Mais je vois qu'à l'assemblée du théâtre Russell, on a dit que c'était sur les plaines d'Abraham que la nation canadienne avait pris naissance.Cela me paraît étrange qu'à cette assemblée convoquée pour préparer le troisième centenaire du Canada, on ait décidé que le Canada était né cent cinquante ans plus tard. Ne vaudrait-il pas mieux dire que le Canadien-français est né avec Champlain? Le Canada anglais est né sur les plaines d'Abraham, si l'on veut ; mais le Canada que nous connaissons naquit en 1867, quand les deux éléments de ce pays firent la paix et s'unirent pour créer notre Confédération. Si nous voulons célébrer le centenaire du Dominion, attendons à 1967. Ce que nous fêtons cette année, c'est le troisième centenaire de Québec...

« Et bâtissons un monument qui ne soit ni de marbre, ni de bronze, qui passe ou s'effrite devant les orages ; mais bâtissons un monument qui ne passera pas et qui soit d'une paix telle que celle voulue par le grand homme, que les deux côtés de la Chambre acclameront comme un des plus grands fils du Canada, un poème à Macdonald, quand il disait que, dans ce pays, il n'y avait plus de race inférieure, ni de race supérieure, ni Canadiens anglais, ni Canadiens français, mais seulement des Canadiens, parlant l'anglais ou le français, mais tous Canadiens également, et que ceux qui voudraient voir un élément dominer l'autre parlaient à propos de rien, car tous avaient les mêmes droits, et leurs langues respectives avaient les mêmes privilèges.

« Si nous construisons sur les plaines d'Abraham un monument, construisons-en un de ce genre, dans le respect de notre constitution et sa large mise en pratique, gage de l'union et de la prospérité future du Canada.

« En cet été, lors de la célébration de ce glorieux

anniversaire, que la majorité émette le sentiment que, pour que ce pays vive, elle rende à la minorité les droits qu'elle lui a enlevés depuis vingt ans. Alors nous pourrons prévoir une célébration heureuse de la fondation de notre patrie. Et qu'on se rappelle que cet été nous ne célébrons pas l'anniversaire de la bataille des plaines d'Abraham, tout précieux qu'il soit, et cette Chambre comprendra que je serai un des premiers à m'y joindre ; mais nous fêtons le troisième centenaire de l'œuvre de Champlain, et de la fondation du pays. Que la paix signée sur les plaines soit dans l'esprit du pays. Le passé est fini et nous ne pouvons arracher une page de l'histoire.

« Il y a maintenant deux éléments au pays. Si nous ne nous mettons pas dans l'esprit que ces deux éléments sont au pays pour y rester, nous pouvons nous préparer à croire que pas un seul n'y restera. J'aime à croire que pendant ces fêtes nous oublierons le passé et continuerons avec une meilleure pensée d'avenir, mettant en pratique l'esprit de notre constitution. On dira peut-être que je fais preuve d'étroitesse d'esprit. Qu'on me permette de rappeler le langage du général Murray en 1760, alors que certain membre du gouvernement impérial lui reprochait de trop bien traiter les Canadiens français. Il répondait : « Il ne faut pas que ce peuple émigre, ce serait une perte pour le pays et pour l'empire ».

« C'était sa gloire d'avoir encouru la calomnie et la haine des impérialistes, parce qu'il avait défendu les Canadiens français qu'il croyait nécessaires au bien du pays et de l'empire.

« Fêtons le troisième centenaire dans son véritable esprit, non pas comme un anniversaire de la défaite des Français et de la destruction de l'œuvre de Champlain, mais comme l'anniversaire sacré de la fondation du pays par Champlain.

« Et n'oublions pas l'idée de nos pères, car dans vingt ans la population étrangère, amenée par l'immigration, ne sera pas en sympathie avec les traditions nationales qui nous sont communes depuis plus d'un siècle, et si les deux éléments ne se donnent pas vraiment la main pour se respecter et s'aider mutuellement, nous nous trouverons peut-être en face d'un conflit plus sanglant et plus terrible que celui de 1759. Il est grand temps que la majorité reconnaisse que dans ce pays les deux éléments sont égaux et ont droit à la même justice et aux mêmes privilèges. Alors nous pourrons regarder avec confiance l'avenir de notre Canada, et travailler à notre mission sur cette terre, suivant l'idée même de Champlain, qui disait qu'ici, ce ne sont pas la conquête de royaume, la victoire dans les batailles, ou l'agrandissement de l'empire que l'on doit chercher, mais les fins plus douces de la civilisation, et le salut de l'humanité. »

Bref, le bout de l'oreille de l'impérialisme paraissait trop. Un journal, *La Vigie*, déclarait « qu'on ne profite pas d'une réjouissance nationale pour rappeler à tout un peuple une date d'humiliation : son *dies iræ* ».

Les inquiétudes se calmèrent, à la suite des explications d'un des secrétaires de la Commission fédérale des fêtes. Alors, on se mit à l'œuvre dans ces conditions, tricentenaire et parc national marchant parallèlement. Le comité des champs de bataille de Québec publiait sous ce titre : « La voix de l'histoire », un appel qui était tiré en français et en anglais, à trois millions d'exemplaires, et qui expliquait l'économie du projet.

J'ai donné ce discours parce qu'il est caractéristique d'un état d'âme et éclaire la vie canadienne actuelle. Mais je veux impartialement dire que de bons et solides Canadiens français, très fidèles au

souvenir de la vieille mère patrie ont regretté ce
discours. Et, pour donner parallèlement toutes les
pièces du procès, voici les paroles que m'a dites
un des citoyens les plus considérables de Québec,
tant par sa situation sociale que par sa haute intelligence, et qui fut ministre dans le cabinet Mercier :

— Malgré les sombres prédictions de M. Lavergne, les fêtes de Québec ont été absolument françaises. Il suffit de lire le programme pour s'en
convaincre. La note donnée par M. Lavergne est
fausse et injuste : les événements l'ont prouvé depuis.

Il ne saurait être question de recouvrer les
plaines d'Abraham en entier, une centaine d'hectares étant bâtis. En somme, le « Parc des batailles » pourra comprendre une partie de territoire très intéressant, entre autres le terrain où se
heurtèrent l'aile droite de l'armée de Wolfe et la
gauche de Montcalm, et les deux ailes des deux
armées à la seconde bataille des Plaines où Lévis
battit Murray. De la citadelle à l'anse du Foulon,
— point que surprit Wolfe — sur une étendue de
deux kilomètres et demi, se trouve un terrain historique qui peut être acquis en entier. Il appar-

tient pour partie à l'État canadien. Enfin, à l'Ouest, la propriété des Ursulines. Le comité compte acquérir également un emplacement vers les chutes de Montmorency, où Montcalm repoussa l'attaque de Wolfe, et à la pointe Lévis où se plaçait l'artillerie de Wolfe. La maison où ce dernier avait établi son quartier général existe encore, et appartient aux descendants de l' « habitant » qui la possédait alors.

Le Comité a décidé d'appeler le parc futur le *Parc des Champs de bataille*, parce qu'il va traverser les plaines où Wolfe fut victorieux et le champ de Sainte-Foye où Lévis gagna la dernière bataille.

Le tout doit former un grand parc avec cercle complet d'avenues de huit kilomètres environ, commençant à Québec pour se rejoindre à trois kilomètres par une route transversale d'une plaine à l'autre. Cette promenade renfermera tous les endroits consacrés par les grandes luttes de la moitié de l'histoire du Canada. Des poteaux indicateurs permettront de lire comme dans un livre ce passé historique qui tient sa place dans les champs de bataille immortels de tout l'univers.

Or, au-dessus de cette grandiose évocation, au

plus haut sommet du plateau, une statue colossale autant que pacifique, l'ange de la Paix repliant ses ailes au repos, sera dressée. Au pied de ce symbole, « les héritiers d'une renommée que le verbe français et anglais a promulguée dans l'univers entier, pourront admirer dans un silence ému un spectacle qui a perdu depuis longtemps le farouche aspect de la guerre. Et pourtant, la statue plonge ses assises en un champ de bataille et notre paix est fondée sur la valeur de nos aïeux. Le sol lui-même nous rappelle les épreuves suprêmes. Et quoique ce coin de terre ne soit pas plus grand, comparé au Canada immense, que le pavillon comparé au vaisseau de guerre, cependant, comme le pavillon, il est le drapeau et le symbole de l'âme nationale ».

Je me suis étendu sur ces souvenirs historiques, sur cette guerre de la conquête, guerre de titans où tout était remis en question chaque jour ; où sauvages cruels, Hurons, Iroquois, où famine, tremblements de terre, massacres, menaçaient la fragile colonie, où le couvent des Ursulines subit quatre sièges en 80 ans.

Je passerai plus rapidement sur les fêtes de juillet dernier.

Quelques jours avant leur ouverture, une double solennité en constituait en quelque sorte le prélude : la Fête-Dieu, d'abord, où la procession se déroulait sur trois kilomètres de longueur, suivie de seize archevêques et évêques, des premiers ministres du Canada et de la province de Québec, du barreau, de la magistrature, de la municipalité et des grands corps constitués ; puis l'inauguration de la statue de Mgr de Montmorency-Laval, premier archevêque de Québec.

A la procession, décorations féeriques, arcs de triomphe, illuminations, reposoirs, dont un seul coûte 20 000 francs.

Le monument Montmorency est érigé sur la place de l'archevêché, en face de l'hôtel des postes et domine le Saint-Laurent. Un chœur de six cents chanteurs célèbre son nom devant une foule immense. Et le premier orateur qui salue ce Français, ce catholique, ce prêtre, c'est un Anglais protestant : lord Grey, gouverneur-général du Canada, qui prononce ces nobles paroles :

« De tous les héros qui illustrèrent l'histoire de la virile nation canadienne, Laval, le premier évêque de Québec, compte parmi les plus nobles... Le premier, il a compris qu'il faut allier la science à la religion, et il a fondé ce séminaire de Québec, dépositaire de son enseignement et des meilleures traditions canadiennes. Honneur au séminaire de Québec, berceau de l'Université Laval, d'où sont sortis tant d'hommes distingués qui ont contribué, pour leur très large part, au progrès du Canada ! »

Les fêtes du tricentenaire, venant après ces solennités, ont été une apothéose. C'est chose malaisée pour une ville de 60 000 âmes de recevoir, abriter, nourrir, hospitaliser un demi-million de visiteurs. On y a réussi à merveille, et l'une des moindres curiosités n'a pas été cette « ville des Tentes » avec ses rues, ses installations d'eau, de gaz, d'électricité, qui a pu loger plus de 50 000 personnes.

Québec a vécu huit jours dans une atmosphère spéciale, la ramenant à 300 ans en arrière. Et voici de quoi se composa cette grande semaine. Je cite le programme officiel.

Dimanche, 19 juillet. — Cérémonies religieuses, dans toutes les églises, temples ou chapelles. Réunion, au pied du monument de Champlain, de l'association catholique de la jeunesse canadienne-française.

Lundi, 20. — Arrivée des troupes qui vont rehausser l'éclat des fêtes. Convocation, par les hérauts d'armes, de la population aux réjouissances publiques. Ouverture du Congrès des médecins de langue française de l'Amérique du Nord.

Mardi, 21. — Arrivée des hôtes officiels, et des invités du Canada. Parmi eux, le comte de Montcalm et le marquis de Lévis-Mirepoix. Première audition de l'oratoire *Christophe Colomb*.

Mercredi, 22. — Arrivée du prince de Galles, sur l'*Indomitable*, concerts de musiques militaires, éloge de Champlain à la Société royale.

Jeudi, 23. — Arrivée de Samuel Champlain, porté par le *Don de Dieu*. Le prince de Galles déclare les fêtes officiellement ouvertes. Grande procession historique, — nous dirions, en France, cavalcade. Feux d'artifice.

Vendredi, 24. — Grande revue de toutes les troupes, et sur les plaines d'Abraham, tableaux historiques évoquant la naissance du Canada.

L'arrivée du « Don de Dieu » fut particulièrement émouvante comme reconstitution du passé. Un facsimile très heureux du frêle vaisseau sur lequel le fondateur de Québec traversa l'Atlantique avait été construit pour la circonstance. Sur ce vaisseau, le personnificateur de Champlain, l'hon. Ch. Langelier, se tenait debout, entouré des hommes de son équipage.

Le « Don de Dieu » faisait contraste avec les énormes cuirassés qu'il a dû longer pour arriver au quai. C'était le xviie siècle comparé au xxe. Quelle bravoure, quelle hardiesse ne fallait-il pas en effet à ces hommes pour s'aventurer sur des mers inconnues, dans de frêles coquilles de noix comme celle-là ! Le « Don de Dieu » passant à côté des géants de la mer ressemblait en effet à un Lilliputien à côté d'un Goliath.

Le passage du navire de Champlain à travers les vaisseaux de guerre est salué par de nombreuses salves de coups de canons. Bientôt les bronzes de la citadelle s'unissent à ceux des cuirassés.

Parti à 2 heures 30 de l'île d'Orléans, le « Don de Dieu » arrivait à 2 heures 50 au quai du Roi. Les sirènes de tous les navires présents dans le port se mirent alors à crier, les fanfares à jouer et la foule enthousiaste salua par de longs applaudissements l'arrivée du fondateur de la ville.

Champlain et sa suite descendirent alors dans des chaloupes d'Indiens qui les conduisirent au lieu même du débarquement. De là ils se rendirent à l' « Abitation de Québec », imitation exacte de la première demeure de Champlain, à environ 100 mètres de l'endroit même de celle-ci. On a fait la reconstruction d'après les plans de Champlain lui-même, conservés dans les archives.

Puis, précédé par Jacques Cartier et ses suivants, Champlain et les hommes de son équipage, escortés par une immense procession historique, se rendaient au pied de la statue du fondateur de la vieille cité, sur la Terrasse Dufferin.

Cette cavalcade historique dite les « Pageants », clou des fêtes, mérite spécialement d'être soulignée. Elle évoquait des scènes locales avec toute leur couleur et toute leur saveur.

En voyant ainsi Jacques Cartier, François Ier, Champlain, Dollard, De Tracy, Mlle de Verchères, le clergé, les sauvages, on se serait véritablement cru au XVIe ou au XVIIe siècle.

On peut estimer à trois mille le nombre des figurants et leur défilé dura trois quarts d'heure dans l'ordre suivant :

Premier Groupe. — Les veilleurs de nuit. Leur capitaine s'appelait « Chevalier du Guet » ou commandant des « Archers du Guet ». Armés de pied en cap et portant une torche à la main, quelques-uns à pied, d'autres à cheval, ils disaient les heures de la nuit et faisaient observer les règles du couvre feu. Tous les soirs, les veilleurs de nuit parcouraient les rues avec les hérauts d'armes et chantaient le vieux couvre-feu.

Hérauts d'armes. — Leur chef qui était le « Roi d'armes » s'appelait « Montjoie-Saint-Denis », le vieux cri de guerre français.

Deuxième Groupe. — Jacques Cartier et son équipage. — Précédé de la croix portant les armes de la vieille France, s'avançaient Jacques Cartier, avec ses officiers et ses marins, les gens d'équipage de la « Grande Hermine », de la « Petite Hermine » et de l' « Emérillon ». Ils étaient accompagnés d'un groupe d'Indiens.

Troisième Groupe. — François Ier, et sa cour — (1515-1547) : — Alors paraissait à cheval, dans toute la magnificence que l'histoire et la tradition se plaisent à nous montrer, le roi chevaleresque François Ier, la Reine Claude, et la sœur du Roi, Marguerite d'Angoulême, avec une suite de gentilshommes et de dames de la cour.

Quatrième Groupe. — Le Roi Henri IV et la cour de France — (1589-1610) : — Sully, le père de l'agriculture en France, suivis par les chevaliers et les dames de la cour.

11

Cinquième Groupe.— De Monts, Champlain, Pontgravé, et l'équipage du « Don de Dieu ». Les fondateurs de la nation. Champlain approche, et près de lui on voit Pontgravé, celui qui l'accompagna jusqu'au Sault Saint-Louis, et de Monts, son camarade de « l'Acadie » et de « Port-Royal ». Derrière eux, tous ceux qui, le 3 juillet 1608, débarquèrent sur les rives de Québec, les premiers colons du pays, Henri Couillard, Chauvin, le chirurgien Bonnerme, le capitaine Le Testut, Étienne Brule, Antoine Natel, Nicolas Marsolet, La Taille, Des Marets.

Sixième Groupe. — Dollard et ses seize compagnons français au Long Sault — (1660) : — Groupe d'un caractère bien essentiellement canadien.

Septième Groupe. — Découvreurs et fondateurs de villes. — La Violette, Maisonneuve, de Bienville, d'Iberville, la Mothe, Cadillac, La Salle, Joliette, Marquette, de Quen, la Vérendrye.

Huitième Groupe. — Le Marquis de Tracy et sa suite — (1665) : — La cavalcade qui se déroule représente Tracy, ses conseillers, ses officiers et sa suite, composée de vingt-quatre gardes, six pages et laquais et quatre compagnies du régiment Carignan-Salières. Ce corps choisi, lorsque le régiment fut ensuite licencié, donna au pays des seigneurs et des colons dont l'établissement exerça une grande influence sur l'avenir.

Neuvième Groupe. — Duluth et les coureurs de bois. — Les coureurs de bois et les interprètes, dont les principaux sont : Duluth, de Saint-Gastin, Guillaume Couture, Jean Nicolet, et René Goupil, forment ce groupe.

Dixième Groupe. — Daumont de Saint-Lusson et ceux qui prirent possession des Pays de l'Ouest — (1671) : — C'est au Sault Sainte-Marie que Daumont de Saint-Lusson, accompagné du Père Claude d'Ablon, du Père Allouez et d'autres pères de la Compagnie de Jésus, de l'interprète Nicolas Perrot, de Louis Joliette, le grand découvreur, et de plusieurs autres trafiquants et colons, prit possession des Pays de l'Ouest au nom du Roi, en présence des représentants de quatorze tribus sauvages.

Onzième Groupe. — Le Comte de Frontenac avec le Conseil supérieur, ses gardes et son état-major. Les milices de Robineau, de Bécancourt, d'Iberville et des autres meneurs d'hommes.

Douzième Groupe. — Mlle de Verchères, ses frères et un groupe d'Indiens. — L'héroïne de la colonie dans ses journées les plus brillantes : Mlle de Verchères, la Jeanne d'Arc de la Nouvelle-France. Les

Iroquois s'enfuient devant le courage de cette jeune fille qui, aidée seulement de deux enfants et de quelques serviteurs, accomplit un acte de bravoure qui a immortalisé son nom.

Treizième Groupe. — Montcalm et Lévis et les régiments de leur armée — (1757-1760) : — Des soldats, revêtus de brillants uniformes, s'avancent conduits par deux illustres capitaines. L'un d'eux est Montcalm, la personnification de la « furia francese », le type de cette bravoure chevaleresque des anciens jours qui lui fit écrire ces mots inoubliables : « Je périrai, s'il est nécessaire, sous les ruines de la colonie. » L'autre est Lévis, aussi brave que son compagnon d'armes, mais d'un plus grand sang-froid et meilleur tacticien. Défilent les régiments de la Sarre, Languedoc, Béarn, Guienne, Berry et Royal-Roussillon, leurs bannières flottant au vent. A leur suite, vêtus d'un uniforme plus sévère, les marins et les milices du Canada, où marchent côte à côte les enfants et les vieillards. Les sauvages alliés prêtent un charme pittoresque à ce brillant défilé qui rappelle les temps guerriers de 1755 à 1760.

Quatorzième Groupe. — Wolfe et Murray et les régiments de leur armée. — Ceux de Amherst,

Anstruther, Lascelle, Kennedy, Bragg, Otway, les
Grenadiers de Louisbourg, et les Américains
Royaux, tous en grande tenue militaire. Aux derniers rangs de la colonne en marche, les Monta-
gnards Écossais, dont plusieurs s'établirent plus
tard là-bas et dont la plupart des descendants,
quoique portant des noms anglais, ne parlent
plus que la langue française et représentent, au
milieu de la population canadienne, l'un des fameux clans descendus des montagnes de la vieille
Écosse.

Quinzième Groupe. — Guy Carleton et les défen-
seurs de Québec en 1775. — Guy Carleton, l'un des
anciens lieutenants de Wolfe, dirige la défense de
Québec contre l'invasion des Américains, et sous
ses ordres les soldats de l'armée régulière anglaise et les milices canadiennes-françaises repoussent dans la côte Dambourgès, au Sault-au-
Matelot, à Près-de-Ville, les attaques simultanées
de Montgomery et de Arnold. Ils évoquent cette
nuit fameuse du 31 décembre 1775, pendant laquelle Guy Carleton se demandait anxieusement
ce que deviendrait le pouvoir anglais en Amérique
si les milices canadiennes-françaises jetaient leur
influence et leur nombre dans le plateau incertain

de la balance du côté des envahisseurs américains.
La politique large et généreuse de Carleton avait,
cependant gagné les cœurs des Canadiens-français,
et effacé profondément le souvenir amer des anciennes luttes. Le boulet qui tua Montgomery durant cette nuit fatale fut lancé par un canon que
manœuvrait un artilleur canadien-français, le capitaine Chabot.

Seizième Groupe. — De Salaberry et les Volti-
geurs de Châteauguay — (1812) : — la scène ne se
déroule pas à Québec, mais à Châteauguay, où le
vaillant de Salaberry et ses trois cents volontaires
repoussent les Américains, commandés par Hampton. Ce groupe termine la grande procession des
gloires nationales en rappelant d'une façon frap-
pante la brillante victoire de Châteauguay.

Je ne parle pas des feux d'artifices et de leurs
pièces allégoriques : les chutes Montmorency, le
Niagara, un combat naval, portraits variés.

Or, côte à côte, dans deux chambres voisines, ha-
bitaient deux des hôtes les plus illustres de Québec : le Comte de Montcalm et M. Georges Wolfe.
Tous deux devinrent, sur ce sol où tombèrent leurs
ancêtres, de bons amis et c'est de concert qu'ils
remuèrent tout ce passé entré dans l'histoire.

Un journaliste, les rencontrant tous deux, les soumit incontinent à l'interview. Il demanda au comte de Montcalm s'il avait visité les Plaines d'Abraham.

— Oh ! oui.

— Quelles impressions y avez-vous ressenties ?

— J'y ai été quelque peu embarrassé.

En réponse à une semblable question, M. Wolfe répondit :

— Je m'y suis senti mal à l'aise, mais je crois que nous nous y sommes tous deux trouvés mieux que nos deux ancêtres la journée où ils s'y rencontrèrent.

La procession fut suivie des tableaux historiques, reconstitution des grandes scènes de l'épopée canadienne. Je les indique ici.

PREMIER TABLEAU

1535. — Jacques Cartier. — 1er groupe : La bourgade de Stadaconé.

1536. — 2e groupe : Jacques Cartier plante une croix commémorative sur les bords de la rivière Lairet ; prise de possession du Canada. — 3e groupe : Enlèvement du chef Indien Donnacona. — 4e groupe : Jacques Cartier à la Cour de François Ier, rendant compte de sa découverte.

DEUXIÈME TABLEAU

1608. — Samuel de Champlain. — 5e groupe : Champlain recevant les instructions d'Henri IV.

1609. — 6e groupe : Bataille du Lac Champlain, 1609 ; première rencontre du Fondateur avec les Iroquois.

TROISIÈME TABLEAU

★ 1639. — Marie de l'Incarnation et les Jésuites. — 7e groupe : Arrivée des religieuses hospitalières et Ursulines de Québec ; elles sont officiellement reçues par le gouverneur Huault de Montmagny, chevalier de Malte. — 8e groupe : Marie de l'Incarnation et les Jésuites catéchisant les Sauvages.

QUATRIÈME TABLEAU

1660. — 9ᵉ groupe : Dollard-des-Ormeaux et ses compagnons d'armes au Long Sault.

CINQUIÈME TABLEAU

1665. — Laval et Tracy. — 10ᵉ groupe : Mgr de Laval reçoit officiellement M. de Tracy, lieutenant-général de Louis XIV.

SIXIÈME TABLEAU

1670. — 11ᵉ groupe : Daumont de Saint-Lusson, prenant possession, au nom du roi de France, des Pays de l'Ouest.

SEPTIÈME TABLEAU

1690. — 12ᵉ groupe : Frontenac recevant, au Château

Saint-Louis, le parlementaire de Sir William Phips.

HUITIÈME TABLEAU

1759 et 1760. — 13e groupe : Grandes scènes finales. Montcalm et Lévis, Wolfe et Murray, avec leurs régiments respectifs, représentés dans une parade d'honneur, défilent et se réunissent dans la plaine. — Salut général des troupes, auquel répondent les vaisseaux de guerre par des salves. — Groupement de tous les personnages historiques du Cortège et des Tableaux historiques.

Et c'est ainsi qu'en un kaléidoscope vivant, l'histoire, surgissant de la tombe, est ressuscitée pour crier son enseignement au xxe siècle. Les Canadiens ont communié dans le culte du souvenir, réchauffé leurs cœurs, accru leurs patriotiques espérances de toutes leurs patriotiques fiertés. La vieille Europe est venue s'associer à leurs fêtes.

Les feux d'artifices sont éteints, éteints les festons et les astragales, mais le souvenir demeure et restera vivace. Les fêtes de 1908 vibreront longtemps dans les cœurs et mettront haut la gloire de Québec, la tricentaire.

V

LE PREMIER MINISTRE CANADIEN. — SIR WILFRID LAURIER

Depuis 1896, le gouvernement fédéral a passé des conservateurs aux libéraux, et sir Wilfrid Laurier, le premier ministre, en est la personnification la plus haute, et la plus intéressante à étudier en son relief saisissant. A ce titre, je dois ici esquisser à grands traits une silhouette qui, de l'autre côté de l'océan, et jusqu'en Europe, attire les regards et sollicite l'attention par sa netteté de conception et l'acuité de sa vision politique.

Je déclare tout de suite que, selon moi, il n'appartient pas à un étranger de se mêler de la vie intérieure des peuples auxquels il demande l'hospitalité. Nous avons, nous-mêmes, en France, avec mille raisons, jugé impertinente et incorrecte l'attitude des pays qui ont pris une part politique et financière que tous se rappellent, dans l'affaire Dreyfus qui ne les regardait pas. Il ne saurait donc me convenir d'apprécier la politique de M. Laurier en tant que politique canadienne ; mais au point de vue des principes généraux qui sont de tous les temps et de tous les peuples, il constitue une des plus attachantes figures de l'homme d'État à l'heure actuelle. Et son nom, qui sonne double, et comme une fanfare de guerre et comme une évocation des trophées de la victoire, doit attirer le voyageur qui observe.

Je n'ai pas connu personnellement M. Laurier, devenu sir Wilfrid. Je ne l'ai pas même vu comme Châteaubriand vit Washington. On dit que le roi Édouard VII voulait le créer lord cette année, mais qu'il s'y refusa lui-même. Si les hasards des voyages m'ont empêché de le voir, j'ai cependant bien souvent parlé de lui avec de ses amis du premier degré. Nous ne nous trouvons pas en face d'une figure banale. Canadien-français et catholique, sir Wilfrid a des adversaires même parmi les Canadiens, même parmi les catholiques, mais il a, par contre, forcé les sympathies de l'élément

anglais et protestant. C'est le destin des conduc-
teurs de peuple. Mon ami Ulrich Barthe, un confrère de Québec des plus sympathiqués, s'était fait
d'ailleurs le biographe du « Premier », avant qu'il
fût premier, et avait, dans une étude remarquable,
fixé la figure de l'homme qui, avant de devenir le
plus éloquent orateur parlementaire du Canada,
leader de l'opposition, et enfin premier ministre,
fut avocat, puis journaliste.

Sir Wilfrid Laurier sort, il y a quelques mois à
peine, d'une campagne électorale formidable.
L'étendue du pays rend cette campagne d'autant
plus fatigante que, là-bas, les chefs de gouvernement descendent dans l'arène comme les chefs de
parti, payent partout de leur personne, défendent
leur politique, prennent la parole, non pas dans
une circonscription limitée, mais dans des provinces immenses, à des meetings, véritables houles
humaines de dix mille auditeurs, souvent excités.
Nous n'avons aucune idée de cela en France.

Ces réunions, organisées par les clubs, ne vont
pas sans une certaine solennité et ce sont traits de
mœurs caractéristiques qui attestent de leur supériorité sur nos réunions de deux cent personnes.

Ainsi, dès le début de la campagne, en septembre

dernier, sir Wilfrid ouvrait la série de ses réunions à Niagara. Avant la séance, procession sur un parcours de plus de trois kilomètres. Une douzaine de fanfares font entendre, comme on dit, « les meilleurs morceaux de leur répertoire », fanfares venues de dix villes plus ou moins éloignées. La procession déroule ses anneaux. De grands portraits du premier ministre et des candidats locaux sont portés en triomphe. Les voitures, ornées de drapeaux et d'emblèmes politiques, se pressent. On vit là, suspendu sur le chemin, un grand portrait à l'huile du « Premier » surmonté d'une gigantesque couronne de feuilles d'érable, l'arbre national... Et l'inscription se lisait, immense : « A notre chef ». Il y a là de quoi vraiment aller au cœur d'un homme d'État.

Le discours prononcé ce jour-là par sir Wilfrid Laurier m'a rappelé, malgré moi, un discours de Windhorst aux catholiques allemands, peut-être son dernier, plein de mélancolie et de larmes, alors qu'il parlait du soir de la vie venu pour lui. Écoutez cette phrase de Laurier :

« Comme j'ai déjà doublé depuis quelque temps le cap de la soixantaine, je regrette d'avoir à vous dire que maintenant quatre ans comptent bien

pour huit. Les ravages du temps ne m'ont pas
épargné,comme vous en avez la preuve vivante devant vous.La main du temps a dégarni mon front,
et mes cheveux, ou plutôt ce qui reste, n'ont plus
la couleur du printemps. Ce sont les neiges de
l'hiver qui ont pris la place pour ne plus repartir,
car le soir de ma vie va bientôt arriver; je suis
déjà rendu au crépuscule.

« Mais, malgré cette impossibilité de réparer des
ans l'irréparable outrage, malgré que mes cheveux
aient blanchi sous le nombre des années écoulées,
mon cœur, lui, reste encore tout jeune comme autrefois, et je le sens battre avec autant de force que
jamais sous l'impulsion de l'amour pour le Canada,
notre commune patrie.

« J'ai encore bon pied et bon œil et je puis encore disposer de quelques années de travail pour
mon pays. Et à part cela, je sens qu'il me reste encore une dent solide contre cette sinistre combi-
naison que l'on appelle l'alliance des castors et des
bleus. »

Et alors, c'est l'attaque directe à l'adversaire
avec des expressions qui nous étonneraient, nous,
mais qu'explique ce que j'ai dit du mélange fatal
des deux langues. Il ne faut pas heureusement

prendre les mots à la lettre. Les plus durs ne vont pas d'ailleurs sans le correctif qu'amène toujours l'appellation de « mon honorable ami » adressée à l'adversaire.

Notons que les choses vont de même pour l'opposition dont le leader fait les mêmes meetings avec le même enthousiasme et le même cérémonial. Ce serait impossible chez nous, où il n'y a pas, comme en Angleterre, un chef unique menant la lutte contre le gouvernement, payé sur le budget et ayant son cabinet au Parlement.

Les quelques lignes que je viens de citer donnent une idée de l'éloquence de sir Wilfrid Laurier. Ce n'est un tribun, ni par la voix, ni par le geste, ni par la passion, mais il a le grand avantage de la méthode, du ton, de l'élévation d'idées, de la fermeté de raisonnement : toutes qualités de l'orateur parlementaire. Waldeck-Rousseau, en France, avait une éloquence remarquable : il manquait cependant de chaleur. Je ne l'ai jamais vu céder au sentiment. Laurier sait avoir la note du cœur à l'occasion, mais il est surtout l'homme de la logique.

Il fut en 1864 — ce n'est pas d'hier — avocat à Montréal pendant deux années. En 1866, il devenait, à Arthabaska, le directeur du *Défricheur* — un titre bien canadien. - Il revenait encore au barreau et était envoyé en 1871 à la Chambre. Il parle aussi facilement l'anglais que le français, ce qui n'est pas un mince avantage dans une Chambre presque toute anglaise. Ses livres de chevet sont Shakespeare, Macaulay, les quelques discours conservés de Lincoln.

Souvent, Laurier a ponctué ses discours de ces remarques qui portent et enlèvent un auditoire. En 1871, il fait « tressauter » la Chambre :

« On nous dit que nous sommes riches... « Monsieur, il y a richesse et richesse. *Tantale* « *était riche*. Il avait toujours devant lui une table « abondamment, somptueusement servie. Le « malheur est qu'avec tout cela, il se mourait « éternellement de faim. »

Son rêve, rêve purement canadien, est de voir les descendants des plus nobles souches du vieux monde : anglais, français, écossais, irlandais, appelés à vivre en commun, marcher de concert à la poursuite de l'unité nationale, dont toutes les variétés de l'espèce humaine, du blanc au noir d'ébène, ont si heureusement trouvé la formule dans la République américaine. Il veut obtenir ce résultat en son pays, non par l'absorption anglaise, mais par l'union de tous. D'un libéralisme très large, il bannit avant tout de la politique les débats religieux et je sais beaucoup de Français obsédés par ce qu'ils appellent le cléricalisme, qui devraient bien prendre modèle sur lui. Liberté absolue des groupements religieux et nationaux : c'est le *home rule*, le *self government* que veut Laurier. C'est dans l'égalité entière, sincère, de tous, et non dans la sujétion de l'un à l'autre, qu'il voit la solution du problème national — et social. Il adore la liberté. Il l'invoque sans cesse. Il la définit en 1877, dans une conférence qui demeure un Code du libéralisme canadien.

Vise-t-il à l'esprit ? Il ne me paraît pas, encore que ses harangues soient semées parfois de réparties heureuses et d'apostrophes foudroyantes.

Un jour, il en avait à un ministre, mais il y mettait des formes.

— Oh ! ne vous gênez pas, je n'ai pas de ces scrupules, interrompt l'autre, railleur.

Et Laurier répond simplement, mais cela porte :

— Eh bien ! si vous n'avez pas de scrupules, j'en ai, moi !

Et la Chambre éclate.

On n'oublie pas, là-bas, le rire fou qui s'empara des Communes le jour où, répondant à un orateur bedonnant qui accusait les ministres de s'engraisser des sueurs du peuple — ce genre d'arguments n'est pas spécial au vieux monde — Laurier, svelte et maigre, montrant du doigt les deux abdomens en présence, s'écria :

— Si quelqu'un ici s'engraisse des sueurs du peuple, est-ce lui ou moi ?

Ce qu'on n'oubliera pas, non plus et surtout, c'est ce cri qui renferme toutes les délicatesses de l'atavisme ancestral, et qu'il fit entendre à un auditoire anglais en pleine capitale d'Ontario :

— Tant qu'il y aura des mères françaises, notre langue ne disparaîtra pas.

Ceci est sublime. Il est un autre mot tragique. C'était après l'exécution du malheureux Riel dans la rebellion de l'ouest en 1885. Wilfrid Laurier exposait les causes de la révolte des métis, et établissait les responsabilités du pouvoir qui avait laissé faire. Il poussa par trois fois ce cri : « Too late !... too late ! too late !... Trop tard ! trop tard ! trop tard ! » Ce furent des instants solennels... Ceux qui ont entendu ce discours, rapportent qu'entre chaque pause de l'orateur, il leur parut s'écouler un siècle, et qu'un silence de mort planait sur l'assemblée, coupé par le « trop tard ! » qui résumait tout un drame et frappait au cœur les ministres responsables de ces horreurs...

Je montre à dessein Laurier orateur, ne voulant pas juger son œuvre comme gouvernant. Ce que je cherche, c'est la doctrine, l'ossature de l'homme, non les contingences. J'ai parlé plus haut de son discours sur le libéralisme politique. Cet exposé de doctrine le renferme évidemment tout entier :

« Pour moi, j'appartiens au parti libéral. Si
« c'est un crime d'être libéral, ce crime, j'en suis
« coupable. Je ne demande qu'une chose, c'est
« que nous soyons jugés d'après nos principes.
« Notre cause ne vaudrait pas nos efforts pour la
« faire triompher, si le meilleur moyen de la faire
« triompher était d'en cacher les principes.
« Le parti libéral a été vingt-cinq ans dans l'op-
« position. Qu'il y soit encore vingt-cinq ans si le
« peuple n'est pas arrivé encore à accepter ses
« idées ; mais, qu'il marche le front haut, ban-
« nières déployées, à la face du pays. »

Et Laurier rappelait le mot de Junius : « Une
« éternelle vigilance est le prix de la liberté. »

Puis, se repliant sur le Canada, jeune, neuf, sans passé politique, il demande :

« Eh quoi, c'est nous, race conquise, qui irions maudire la liberté! mais que serions-nous donc sans la liberté? une race de parias! »

« Si la liberté, poursuit-il, était bien cette virago des iambes de Barbier, on comprendrait. Mais ce n'est pas là la liberté. La liberté, c'est celle que chantait Tennyson. Un ami lui demande pourquoi il ne va pas chercher un climat plus clément au lieu de demeurer sous le ciel brumeux d'Albion.

« C'est que, répond le poète, c'est la terre des hommes libres, la terre choisie par la liberté calme où, qu'il soit au milieu d'amis ou d'ennemis, un homme peut dire tout ce qu'il veut dire. »

Les débats auxquels donna lieu l'exécution du malheureux Riel, coupable de révolte politique, mais très certainement irresponsable, fournirent à Laurier plusieurs occasions de flétrir le crime juridique et légal et de crier à la face du pays la honte du gouvernement qui le commit. Il rappela la condamnation et l'exécution de l'amiral Byng, rangées par la postérité au nombre des meurtres judiciaires.

Ce qui tient le plus à cœur à Laurier, c'est le

Canada — et c'est aussi le souvenir de la vieille patrie mère, la France. Il s'en exprime librement dans toute occasion, tout en demeurant anglais, avec le loyalisme de là-bas.

« Je ne regrette pas, dit-il à Toronto, de nous voir les sujets de la reine plutôt que de la France, mais que ma main droite se dessèche si jamais la mémoire de mes ancêtres cessait d'être chère à mon cœur. »

Un jour, en pleine Chambre, un député anglais — cette mentalité se rencontre encore — avait appelé la France une nationalité bâtarde; un autre voulait « une lutte corps à corps » « avec la race française » et tout d'abord la suppression de la dualité des deux langues : « Nous sommes en pays anglais, et plus tôt nous anglifierons nos Canadiens-français, plus sûrement nous ferons disparaître les causes de difficultés pour l'avenir. Car tôt ou tard il faudra en finir. » M. Laurier releva vertement de si odieuses provocations.

J'ai vaguement ouï le même raisonnement en France, quand M. Waldeck-Rousseau parlait des deux Frances. Les procédés sont les mêmes partout pour la suppression de ce qui gêne les partis, — les partis sectaires surtout, ceux qui nient la

liberté des autres et dont un député de là-bas a
dit précisément ce mot pittoresque : « La férocité
de l'ours, qu'on a privé de ses petits, ne saurait se
comparer à celle de ces partis, lorsque les avantages du pouvoir leur sont enlevés... »

Laurier est aujourd'hui chef du pouvoir, et, à ce
titre, obligé de doser soigneusement ses paroles.
Mais dans un de ses discours, en 1890, ayant
les coudées franches, il fit allusion à l'avenir. Je
répète ce qu'il dit alors, pour justifier quelques-
unes de mes impressions :

« Le jour n'est pas éloigné, disait-il, où les relations actuelles entre la Grande-Bretagne et le
Canada devront se resserrer ou cesser entièrement. Pour ma part, je ne veux pas aller plus
loin sur ce terrain à présent. Mais je dis simplement que si jamais, à l'heure qu'il voudra, le
Canada désire, pour me servir de l'expression
de lord Palmerston, se suffire à lui-même, la
séparation se fera, non seulement pacifiquement,
mais amicalement et avec attendrissement,
comme le fils quitte la maison paternelle pour
fonder à son tour une famille. »

Voilà qui est dit en douceur. Mais c'est dit tout
de même.

Un jour aussi, M. Laurier fit un bien joli tableau, plein d'humour, de la vie parlementaire dont il expliquait les rouages et les dessous. Après avoir décrit les vieilles coutumes traditionnelles anglaises calquées sur celles de Londres, il arrivait à l'ouverture de la session :

« Enfin, le gouverneur a pris siège sur le trône : il est arrivé au milieu d'acclamations enthousiastes qui ne font jamais défaut. Il désire la présence de ses « fidèles Communes ».

« Et pendant ce temps, que font les fidèles Communes ? N'ayant rien à faire, elles se livrent à un beau tapage. Les hommes, même les plus sérieux, même les Anglais, ne sont après tout que de grands enfants. Rien ne ressemble à une école comme le Parlement. Rien ne ressemble à l'ouverture des classes comme l'ouverture de la session. »

Mais voici trois coups frappés à la porte de la salle. Le sergent d'armes va voir ce que c'est, tout comme s'il ne le savait pas d'avance. Il revient grave, solennel, annoncer à l'orateur (le Président) qu'il y a, à la porte, un messager du Sénat. L'orateur, non moins grave, non moins solennel, répond qu'on fasse entrer le messager. Ce messager, c'est l'huissier à la verge noire, le principal officier du

Sénat. Il vient dire que le gouverneur-général désire la présence des Communes dans la salle du
Sénat. Avant d'ouvrir la bouche, il a fait neuf pas
coupés par trois révérences. Son message remis,
il refait à reculons neuf autres pas, coupés par
trois autres révérences. Sur quoi il pirouette sur
les talons et disparaît, invariablement accompagné d'acclamations unanimes.

« John Bull, remarquait Laurier, semble prendre
un plaisir toujours nouveau à voir faire ces révérences par un homme payé pour les faire : La
même remarque se répète chaque année : *Well,
it is worth the money*. En bon français : il ne vole
pas son argent. Après quoi, « comme de vrais
moutards », les députés se précipitent à la salle du
Sénat.

C'est là ce qu'on peut appeler déshabiller élégamment et jovialement le parlementarisme. L'iro-
nie n'est d'ailleurs pas méchante. M. Laurier continuait par l'explication du nom d'*orateur* appliqué
au président, et, chemin faisant, à propos du nom
d'électeur très employé jadis en Allemagne, par
exemple en Bavière, dont le duc était dit l'électeur
de Bavière, il narrait la bonne plaisanterie faite en
Allemagne par M. Labouchère, qui s'inscrivit gra-

vement sur le registre de l'hôtel : Henry Labouchère, électeur de Middlesex.

Après avoir décrit les traditions immuables du
discours du trône, de l'adresse, des discours du
chef de l'opposition et du chef du gouvernement,
M. Laurier se livrait à un aimable parallèle avec
la France, qu'il jugeait un peu durement ; — qui
aime bien châtie bien, n'est-il pas vrai ?

« Les Anglais, disait-il, savent écouter, ils sont
tolérants. Il n'est pas dans le tempérament ardent
du Français de respecter les convictions d'autrui.
Le Français conçoit ce qu'il conçoit avec tant d'intensité qu'il n'admet pas qu'on puisse penser diffé-
remment de lui... Il n'en est pas ainsi de l'Anglais...
Le Français veut que vous ayez ses opinions ; l'Anglais veut que vous ayez vos opinions...

« Voyez ce qui se passe à Paris. Voici un orateur
à la tribune. Ses adversaires ne peuvent tenir en
place. De tous les points de la salle arrivent des
interruptions et des protestations. Le plus souvent la confusion devient telle que le président ne
parvient pas à la maîtriser.

« Voyez, au contraire, notre Chambre des communes. Elle supporte sans sourciller les plus violentes attaques. Personne ne songe à interrompre,

à moins que l'orateur ne permette l'interruption !...
ses amis l'applaudissent ; ses adversaires ne bou-
gent pas...

« Cette franchise d'expression, cette tolérance
d'opinions, si elles existaient chez les Français, ren-
draient chez eux la discussion d'une courtoisie
marquée. Il n'en est pas ainsi chez les Anglais. La
discussion n'y est jamais grossière ; elle n'y est
non plus jamais gracieuse... L'Anglais respecte vos
opinions, il ne songe pas à vos sentiments... L'éloquence française est avant tout esthétique ; l'éloquence anglaise est avant tout pratique. »

J'abrège les considérations pittoresques qui
donnent à ce parallèle une piquante originalité,
et je souligne la conclusion de M. Laurier :

« ... Nous, d'origine française, nous sommes essentiellement un peuple artiste. Si j'avais un conseil
à donner à mes compatriotes, ce serait d'être fidèle
à leur origine et de cultiver ce goût des arts et des
lettres que nous tenons de la France et dans lesquels nous devrions prendre sur ce continent la
place occupée en Europe par la France. La force
des choses est telle, qu'en Amérique, la langue
anglaise sera toujours la langue du million. Notre
ambition, à nous, devrait être que la langue fran-

çaise, ici comme dans le reste du monde, fût la langue de prédilection de la bonne compagnie, de la société polie. »

Et je veux terminer ces quelques lignes sur sir Wilfrid Laurier par cette fin d'un discours prononcé par lui il y a déjà longtemps :

« Pour ma part, quand arrivera l'heure du repos suprême, quand mes yeux se fermeront pour toujours, si je puis me rendre ce témoignage, ce simple témoignage d'avoir contribué à guérir une seule blessure patriotique dans le cœur d'un seul de mes compatriotes, d'avoir ainsi avancé, si peu que ce soit, la cause de l'union, de la concorde et de l'harmonie entre les citoyens de la Puissance, alors je croirai que ma vie n'aura pas été tout à fait inutile. »

On ne peut, n'est-ce pas, que s'incliner devant de telles paroles où pleurent les larmes des choses !... C'est bien là le *vir bonus* dont Quintilien fait l'orateur vrai.

VI

L'OUEST CANADIEN, LE MANITOBA,
LES CHEMINS DE FER

Je partais de Québec un soir par le Canadien Pacifique. Le temps était gris et pluvieux. Mais j'étais accompagné à la gare par deux des plus aimables hôtes que j'aie rencontrés : M. et Mme de Martigny. Chose bien curieuse, et que je livre aux psychologues : ils étaient sujets anglais, et j'étais « Français de France ». Eh bien ! c'est moi qui avais le spleen, c'est eux qui étaient gais... A la gare montaient dans le même train que moi deux jeunes mariés, partant en voyage de noce. Ils étaient entourés de leurs amis qui les mitraillaient de poignées de riz lancé d'une main sûre. Il paraît que cela porte bonheur et attire les regards bienveillants des manitous. J'en reçus nécessairement ma part, et j'avais droit, dès lors, à une petite tranche de bonheur. Mais les bons génies sont capricieux, je l'attends encore.

Le train s'ébranlait. De Martigny, avec sa bonne figure riante, coupée d'une forte moustache qui le faisait ressembler à s'y méprendre à un officier de cavalerie en civil, me cria, du ton qu'il aurait pris pour commander : « Portez ! sabres ! » :

— Bon voyage ! Ça y est... Vous avez le talisman. God bless you... Et puis, vous allez voir des Squaws... Tenez-vous bien...

Des Squaws ! Je confesse que je n'en ai pas vues, ou tout au moins de tellement civilisées que ce ne sont plus des Peaux-Rouges. C'est ainsi que l'on perd ses illusions, comme le père X., car j'en ai cueilli là-bas une bien bonne, ainsi que disait Villemessant.

Il reste à Notre-Dame de Lorette, près de Québec, une tribu, toute inoffensive, de Hurons. Ils ont gardé l'accoutrement traditionnel, y compris les plumes dans les cheveux et les anneaux dans les oreilles. Ces braves gens descendent à Québec et à Montréal, vendre des ouvrages d'osier, paniers, corbeilles qu'ils fabriquent pacifiquement... Ils sont installés là depuis 250 ans...

Or, un Sulpicien français, de passage à Montréal,
nourrissait un ardent désir de voir de près un de
ces enfants de la nature, de pénétrer dans leur
hutte, de saisir sur le vif la couleur et le milieu...
Il alla à Lorette et tomba émerveillé. Il avait devant lui une Peau-Rouge authentique, bien nature. Hélas! pourquoi parla-t-elle?

— Oh! que je suis contente! cria la Huronne, en
excellent français, sans autre accent que celui de l'argot... Que je suis contente de voir des Français!...

Vous sentez d'ici le prodigieux ahurissement de
l'amateur de la vie primitive. La Huronne était
une Huronne de... Grenelle ou du Gros-Caillou,
comme à Paris la panthère des Batignolles. Je ne
ris pas, car on m'a conté cela sans rire... Après la
Commune de 1871, un certain nombre d'insurgés
débarquèrent au Canada, où, par parenthèses, ils
ont fait aux Français une réputation assez équi-
voque... Le mari de notre Peau-Rouge était du
nombre. Ils s'installèrent, organisèrent leur vie...
L'amnistie fut bien votée après, mais quoi!... il
fallait, en rentrant en France, recommencer une
nouvelle existence. A quoi bon? Et ils demeurèrent
là, adoptant les mœurs des enfants de la prairie
et des bois.

Le père X. court encore. La désillusion fut profonde.

Il y a une vingtaine d'années, la race aborigène était encore représentée au Canada par la plupart des anciennes tribus dont les romans de Fenimore Cooper nous ont rendu les noms familiers. La province de Québec abritait les Abenaquis, les Hurons, les Algonquins, les Iroquois, les Montagnais, les Naskapis. L'Ontario possédait les Tchipeoùais, les Missisaguós, les Mohawks, les Onéides, les Odjibbeouais, les Six Nations, les Iroquois, les Hurons. Les Micmacs campaient dans les provinces maritimes : Nouvelle-Écosse, Nouveau-Brunswick, Ile du Prince Édouard. Le Far-West, enfin, Manitoba et territoire du Nord-Ouest, comptaient les Crics, les Corbeaux, les Gros-Ventres, les Pieds-Noirs, les Sioux...

Tous ces « sauvages » étaient traités avec la plus grande humanité. On ne les traque plus. Ils ont des réserves et des allocations annuelles représentant l'intérêt des terres qu'ils ont abandonnées aux gouvernements.

Dans la province de Québec, il y avait encore, vers 1890, près de 8 000 sauvages. Ce nombre a été certainement bien réduit depuis. En général, ils chassent et pêchent, n'aimant pas travailler la terre ou abattre du bois. La phtisie, au reste, les clairsème de plus en plus. Mais les coutumes indiennes ont moins disparu encore qu'on ne le pourrait supposer. Ainsi, il n'y a pas longtemps, les Iroquois de Caughnawaga conféraient à un évêque, en une solennelle cérémonie, le titre de citoyen de la tribu. Le « grand chef étranger » venait fumer le calumet de paix tout comme il y a cent cinquante ans. Par la même occasion, on faisait d'une pierre deux coups, et la tribu recevait un grand nombre de jeunes guerriers étrangers, consécration de l' « entente cordiale » qui existe entre les Peaux-Rouges de Caughnawaga et les « Visages pâles » de Montréal.

Le grand chef était le directeur d'un collège, et les jeunes guerriers les élèves du dit. Comme c'était la première fois qu'ils pénétraient dans un wigwam iroquois, les chefs de la tribu, suivant l'usage antique et solennel, s'étaient réunis en conseil, comme jadis leurs pères invoquaient les manitous, et avaient décidé de conférer au visiteur le titre de membre honoraire de la tribu. C'est là le plus grand honneur qu'on lui pouvait faire, car un étranger ne peut être adopté par la tribu et considéré comme un de ses enfants que s'il contracte mariage, en justes noces, avec une Squaw. Rappelez-vous René... On a fait ici une exception. C'est d'ailleurs une rareté que cette adoption : les Iroquois d'aujourd'hui, malgré leur petit nombre, ont gardé toute la fierté de leurs ancêtres et ne consentent que malaisément à l'introduction de sang étranger sous leurs tentes ; c'est pour eux une mésalliance. Disons entre parenthèses, que ces tentes sont aujourd'hui de solides immeubles non sans confort.

Revenons à la cérémonie. Il y eut grand'messe et vêpres, chantées par les Iroquois et les Squaws, et chantées en iroquois, substitué pour la circonstance au latin. Hommes et femmes chantaient alternativement. Et c'est alors qu'a eu lieu le « baptême » civique, cérémonie qui revêt un cachet tout particulier.

La scène se passait au presbytère. Quatre chefs, Tchaiase, Tanenhrison, Akawiranoroa et Johahiho se présentent, portant, l'un un tomahawk, l'autre un grand calumet, le troisième une corne de poudre, le quatrième un tambour.

Le costume est celui des ancêtres : « complet » en peau de chevreuil avec découpures aux coutures. Les cheveux tombent librement sur les épaules, la tête est ornée du panache de plumes d'aigle qui descend jusqu'aux talons.

Johahiho fait quelques rafla sur son tambour et entonne un chant de guerre. Le nouveau citoyen est conduit au centre du groupe et la danse commence. Le spectacle ne manque pas de pittoresque, de cette soutane noire au milieu des Iroquois. La danse semble d'abord pesante, les danseurs se contentent de frapper le sol du talon ou de la pointe du pied lourdement et en cadence. Bientôt l'agitation devient plus vive; ils commencent à tourner. C'est bientôt un tourbillon. Le tomahawk siffle sous le nez et aux oreilles du nouvel enfant de la tribu. Le calumet de paix, dans les mains entraînées qui le brandissent, semble une massue, la corne de poudre prend vie et un souffle guerrier semble passer dans la foule, car la scène se joue devant les Squaws et les guerriers de tout le village. Le cri de guerre retentit, strident. Le héros doit se demander si on ne le va pas scalper. L'espace accordé aux danseurs est étroit. Ils n'en trouvent pas moins le moyen de se livrer aux contorsions les plus fantastiques. Ils rééditent toutes les grimaces, toutes les figures, révérence parler, que racontent les histoires de l'origine du Canada.

Mais tout a une fin. La danse cesse, les danseurs essoufflés reprennent haleine. Alors, le grand chef et « le Anatajaiense » ou maire, s'avancent sur la galerie et proclament à tous présents et à venir que le nouveau citoyen s'appelle désormais Tharonhienhawitha. Ouf! Dieu vous bénisse!

Et la foule des guerriers et des Squaws répète aux échos ce nom, lequel, en français, veut dire « deux cieux réunis, » ou « il fait descendre le ciel ». Et ainsi, il y avait un Iroquois de plus sur terre.

Quand, en 1890, le comte de Paris visita Québec, des « guerriers » hurons vinrent le saluer, vêtus de leurs uniformes de gala : chapeaux à plumes, tuniques voyantes, mitasses et mocassins, cercles d'argent aux bras. Et un chef débita une harangue dont voici quelques passages :

« Ononthio!

« Les chefs, les guerriers, les femmes et les enfants hurons de la Nouvelle-Lorette te saluent tous.

« Tu vois devant toi les fidèles alliés des anciens rois de la France, tes pères.

« L'âme de Kondiaronk, d'Ahatsistari et celles

13

des autres vaillants capitaines de notre nation
doivent se réjouir aujourd'hui de ta présence au
milieu de nous, tandis qu'elle parle à notre cœur
et à notre esprit.

« Depuis que saint Georges et son dragon ont
remplacé saint Louis et son lys... les sentiers de
la guerre sont recouverts d'une épaisse couche de
mousse, la hache de guerre a été enterrée... et les
nations sauvages, aussi, depuis, fument ensemble,
avec les blancs, leurs frères, le calumet de la paix
à l'ombre de ce fier drapeau (le drapeau britannique).

« Ononthio !

« Ne va pas croire cependant que les descendants
des Hurons ont perdu le souvenir de leurs vaillants
et nobles alliés de la vieille France... Nous t'invi-
tons à venir visiter notre bourgade. Tu y seras le
bienvenu et tu y verras encore des traces de la
munificence des rois de France tes pères.

« Ononthio !

« Ma fille Clémentine Oksesen (la perdrix) me
charge de te prier de présenter à ta femme cette

petite couronne faite de grains de porcelaine (wampum) qu'elle a détachés pour elle de son collier.

« Nous prions le grand Esprit qu'il écarte de toi les méchants manitous ; qu'il te protège, ta noble femme, ainsi que le vaillant et généreux guerrier ton fils.

« Pour les chefs Hurons,

« Je dis

« Paul Tsasenhohi. »

Suivaient les signatures des autres guerriers chefs : tous noms hurons précédés de prénoms chrétiens... Maurice-Sébastien Agniolen (l'Ours), grand chef ; Philippe-Vincent Theonsathasta (Il se tient debout) ; François Sassenio (l'Homme droit) : Gaspard Ondiaralethe ; Antoine-Sébastien Sasendarolen (celui qui parle).

On connaît, je crois, l'origine du terme Ononthio. Il remonte au successeur de Champlain, Montmagny. A son arrivée dans la colonie, les sauvages demandèrent son nom, comme de raison. L'interprète leur dit qu'il se nommait Grande Montagne (Mont-magne) en indien Ononthio. Ce nom fut donné, dès lors, par toutes les tribus aux gouverneurs de la Nouvelle-France qui étaient Ononthio. Le roi de France était le grand Ononthio, la grande, grande montagne.

Cinq heures de chemin de fer amènent le voyageur de Québec à Montréal. La ligne, je l'ai dit, côtoie la rive gauche du Saint Laurent : au sortir de Québec, les premières stations, Lorette, Bel Air, Pont Rouge, Saint-Basile, sont toutes d'anciennes seigneuries, baignées par le fleuve et centres de pêches miraculeuses, de saumon notamment. Tous ces villages sont charmants, partout on y parle le français, ce qui pour moi était fâcheux, parce que j'en profitais pour oublier l'anglais, au grand dam de mon accent...

Entre Québec et Montréal, est la ville importante, la cité comme on dit là-bas, de Trois-Rivières, siège d'un évêché, sur le Saint-Maurice. Trois-Rivières date de 1618 et a joué un grand rôle dans l'histoire du Canada. Elle a malheureusement été incendiée il y a quelques mois. Mais elle renaîtra de ses cendres. De là, le chemin de fer court dans les terres entre le fleuve et les collines en amphithéâtre qui s'en éloignent de plus en plus. J'arrivai ainsi, sous une pluie torrentielle, à Montréal, la ville aux toits argentés. Mais le soleil n'y brillait pas, et les maisons couvertes en fer blanc ne miroitaient pas sous ses rayons d'or.

Les Montréalais appelaient jadis les Québecquois des moutons ; et les Québecquois le leur rendaient en les qualifiant de loups. A cette époque, en effet, les Montréalais ne fréquentaient que les sauvages et les coureurs de bois.

On sait que les Sulpiciens ont été longtemps les seigneurs de Montréal, qu'ils possédaient par des baux amphythéotiques. Ils ont aliéné leurs droits seigneuriaux et jouissent de gros revenus ; mais, par traité, ils sont tenus de dépenser ces revenus au Canada. Aussi, relevant, au spirituel, du supérieur général de Saint-Sulpice de Paris, ne lui doivent-ils aucun compte pour le temporel.

Le lendemain, je partais pour ne plus m'arrêter qu'à Winnipeg : ci, cinq jours et cinq nuits de chemin de fer par le grand Canadien Pacifique.

L'histoire de la création du « Cipiar » est tout ce qu'il y a de plus américain. Quand on songe qu'à Paris des générations entières ont parlé du métropolitain dont la ville lumière n'a été gratifiée qu'en 1900, on se dit que c'est bien vrai que nous ignorons le : *business is business.*

Lorsqu'il fut question, outre Océan, de ce gigantesque chemin de fer, la politique, comme de raison, commença à montrer son nez d'affreuse compagnonne

Dont le menton fleurit et dont le nez trognonne,

et, naturellement, l'affaire traînait en longueur. Mais on sait trancher les nœuds gordiens, là-bas. Après un essai infructueux du gouvernement, on confia le tout à une Compagnie privée. Et voilà qui donne un vigoureux accroc aux tenants du socialisme d'État. Cette société formée, le gouvernement lui abandonna les 700 milles (1 000 kilomètres environ) déjà construits, représentant 150 millions de frais. Il lui attribua en outre une subvention en argent de 125 millions, ce qui fait sensiblement la même somme, et 25 millions d'acres de terre (15 millions d'hectares) qu'elle vend aux colons.

La Compagnie s'était engagée à ouvrir la ligne à l'exploitation en 1891. Elle l'inaugura en 1886, cinq ans plus tôt. L'effort privé seul a donc achevé cette ligne qui soude l'Atlantique au Pacifique et abrège le chemin de l'Extrême-Orient. Ça a été un chagrin pour moi de ne pouvoir revenir par la Chine et le Japon !

Que de difficultés pourtant ! un pays plus grand que l'Europe et presque inhabité à traverser. Des régions encore inexplorées ! des rochers à faire sauter, des lacs profonds à côtoyer en frayant un chemin à la locomotive à travers les forêts. Au delà de la Rivière Rouge, 1 500 kilomètres dans une plaine connue seulement des Peaux-Rouges et des chercheurs de fourrures ; puis les monts Rocheux et la Colombie britannique. Tout est à créer. En six ans, c'est « enlevé », et les forêts, les lacs sont exploitées, les minéraux extraits, la plaine livrée à la charrue et les mines de charbon de la Colombie à l'extraction.

Des lignes secondaires rattachent la grande artère aux chemins américains ; tels les doigts d'une main gigantesque. Au total, le « Cipiar » a plus de 10 000 kilomètres de voies ferrées en exploitation. La ligne principale, la « main line » de Montréal à Vancouver a 2 900 milles, soit près de 5 000 kilomètres. Les recettes se chiffrent par centaines de millions et les bénéfices par 50 ou 60 millions. La distance de l'Atlantique au Pacifique est, en chiffres ronds, de 3 000 milles.

Chaque jour, sauf le dimanche, un train part des deux points terminus.

Le premier chemin de fer canadien date de 1836. Il avait 16 milles de longueur, soit une vingtaine de kilomètres. On a fait depuis des pas de géants. En 1856, le Canada avait 71 milles de chemin de fer ; en 1869, 2 065 ; en 1880, 6 897 ; en 1898, 16 718 ; aujourd'hui, 20 000 milles.

Seuls les gouvernements, dans un pays désert, pouvaient efficacement aider au développement des voies ferrées. Il leur incombait de donner sans compter. C'est ce qu'ils ont fait. Les subventions fédérales en trente ans ont atteint un milliard 200 millions. Québec, il y a une trentaine d'années, avait 575 milles de chemins de fer. Il en possède aujourd'hui 3 571.

Ces chiffres sont intéressants — rien n'est éloquent comme un chiffre — et donnent d'un pays une vision plus sûre que toutes les descriptions, car sa valeur et son avenir se mesurent à ses efforts pour se développer. Or, les chemins de fer, au Canada, représentent un capital de près de six milliards. Leurs bénéfices, l'an dernier, se sont élevés à 735 millions de francs.

Il y a un an environ, les provinces avaient souscrit 175 millions, les municipalités 85 millions. De plus, je l'ai dit, des milliers d'hectares de terre ont été accordés aux compagnies, en bordure de leurs voies, pour vendre ou exploiter.

Le chemin de fer du Canadien Pacifique traverse le Canada de l'Est à l'Ouest, de Halifax à Vancouver, mais en empruntant une partie du Maine dans les États-Unis. A une de ses dernières sessions, le Parlement canadien vient de voter la construction d'une nouvelle ligne colossale comme son aînée, qui sera le grand Tronc Pacifique. Cette ligne traversera aussi tout le Canada de l'Est à l'Ouest, mais il n'est pas « un pouce qui ne reposera sur le sol canadien ». Le grand Tronc Pacifique profitera tout d'abord spécialement à la province de Québec dont elle desservira la partie nord, puis le nouvel Ontario. Elle ira se souder à Winnipeg au Canadien Pacifique et au Northern, pour remonter de là au nord et mettre en valeur les terrains des nouvelles provinces de l'Alberta, du Saskatchewan, etc. Dans Québec, le grand Tronc Pacifique desservira tout le sud du Saint-Laurent où de nouvelles agglomérations surgissent chaque année, mais surtout il ouvre au nord et à l'ouest une région immense dont la richesse agricole, minière et forestière, a été jusqu'à ce jour inexploitée, faute de moyens de communications.

13*

Les travaux sont en pleine activité au moment
où j'écris. La nouvelle ligne coûtera un petit milliard. Une section ouest de mille kilomètres en
chiffre rond est en exploitation déjà entre Winnipeg et la rivière Batoche, et l'on compte bien
« rouler » cette année 1909, entre Winnipeg et Québec, sinon définitivement avec les ports de l'Atlantique, Saint-Jean dans le Nouveau-Brunswick et
Halifax dans la Nouvelle Écosse.

A 8 kilomètres de Winnipeg, on construit des
ateliers immenses de 300 mètres de long sur 60 de
large. Deux mille hommes y trouveront le travail
à l'année sans arrêt. Dans les cours, pourront tenir
1 400 wagons. Deux cents wagons et trente locomotives pourront être réparés en même temps.

J'ai parlé des richesses minières. Le Canada est
à coup sûr un des pays du monde à qui a été le
plus abondamment dispensé cette « houille
blanche », l'aliment de l'industrie moderne. Sur une
longueur de milliers et sur une largeur de centaines
de kilomètres, ce ne sont que lacs, rivières, chutes
naturelles, sans interruption. Ces chutes, rapides,
cataractes, cascades énormes, peuvent fournir une
force motrice inépuisable.

Il est sans doute difficile de faire un calcul

exact, trop de régions demeurant encore inexplorées dans ce pays grand comme l'Europe. Mais, par exemple, dans la région arrosée par l'Ottawa, il y a une énergie utilisable de près d'un million de chevaux-vapeur dont une soixantaine de mille seulement sont employés. La région du lac Saint-Jean est d'une richesse analogue. Et sans parler de Niagara, on annonce des chutes sans rivales dans une région récemment annexée à Québec : l'Ungara. Enfin, on évalue à 10 millions de chevaux de force l'énergie que le Saint-Laurent et ses tributaires peuvent mettre au service de l'industrie. Quelle réserve admirable pour le jour où l'énergie électrique pourra se transporter dans des conditions moins onéreuses qu'aujourd'hui !...

En route donc pour l'Océan Pacifique ! Me voici dans le train... à tous les points de vue. Il est bondé, personne ne parle le français. Je cause un peu, avec deux jeunes femmes canadiennes assez agréables. Elles mettent une évidente bonne volonté à me comprendre et me disent que c'est l'accent et non la prononciation qui me manque. Au reste, je n'ai qu'à m'imposer de ne parler qu'anglais pendant un mois, mon verbe sera presque aussi pur que celui d'un cokney. Peut-être mes deux

compagnes cherchent-elles des maris, en tout bien
tout honneur, s'entend. Elles me prêtent un livre
anglais : *Les chefs écossais*, roman tout ce qu'il y
a de plus moyennageux. Le surlendemain elles
arrivaient. Je ne les devais plus revoir.

Cette existence en chemin de fer, dans l'unique
classe — en dehors des Pullmans — est bien curieuse et amène une promiscuité qui met le voyageur sous son vrai jour. Des gens à l'allure très
convenable m'étonnent par leurs rires bruyants et
leur laisser-aller un peu trop... britannique. Une
dame, derrière moi, à la taille de dragon, écrit tout
le jour, portant des lunettes qui en font une parfaite maîtresse d'école, et... siffle comme un merle.
Question de latitude. Il y a aussi les wagons de colons tout à fait curieux. L'émigrant y apporte sa li-
terie et les ustensiles de cuisine et de table que le
paquebot lui a fournis. Le wagon est aménagé pour
les transformations les plus variées. Il se fait dieu,
table et cuvette, je veux dire salle à manger, puis,
les sièges démontés, chambre à coucher où chacun s'isole derrière ses rideaux.

Bien entendu, comme dans toute l'Amérique,
tout cela est beaucoup moins administratif qu'en
France. Pas de barrière ; pas de bonne femme avec

le drapeau roulé en main, pas de contrôle. Il se fait dans le train. Vous montez, vous descendez à vos risques et périls. La cloche de la locomotive sonne, et vous partez. Ne vous cassez pas la jambe en descendant si vous avez accompagné quelqu'un. Pas de nos avertissements réitérés : « en voiture, s'il vous plaît »... Sur le parcours, la cloche sonne, et c'est tout. Aux points de croisement avec les routes, un poteau : *railway crossing*... Et voilà. Arrangez-vous ; *Take care...*

Il est, sur le Pacifique, des stations représentées par un vieux wagon, où l'on ne s'arrête que s'il y a un voyageur à prendre ou à laisser. Dans ce cas, le chef de train tire une corde, comme dans l'omnibus Batignolles-Clichy-Odéon... Et l'on s'arrête.

En quittant Montréal, à la gare de Windsor, le chemin de fer suit la plaine bien cultivée, avec des fermes d'un prix élevé, centre des cultures maraîchères et de primeurs. D'un côté, la perspective des montagnes ; de l'autre, l'Ottawa et ses nombreuses embarcations. On traverse tout d'abord la ville sur un haut viaduc de pierres, puis, c'est une succession de villages se touchant presque tous jusqu'à Sainte-Anne, tous stations d'été connues. A 7 ou 8 kilomètres de Montréal, à gauche, on aperçoit

le vieux village de Lachine sur le lac Saint-Louis.
Lachine fut longtemps le point de départ de nos
expéditions militaires ; c'est de là qu'en 1754 Du-
quesne partit pour la campagne qui se termina par
la défaite de Braddock. Plus loin, nous trouvons
Vaudreuil, une vieille cité française dont les moulins à vent démantelés rappellent l'ancienne domi-
nation. Au reste, les souvenirs français peuplent
cette terre : saint Martin, sainte Rose, sainte Thé-
rèse, sainte Augustine, sainte Scholastique, saint
Philippe...

On arrive ainsi rapidement en moins de trois
heures à Ottawa, la capitale fédérale dont le Parlement, aux tours gothiques, s'élance hardiment sur
un plateau et domine la rivière.

Ottawa est tout à fait pittoresquement situé à la
rencontre du Rideau et de l'Ottawa, entre les
chutes de la Chaudière et le point où le Rideau
tombe en une belle cataracte. Les chutes qui inter-
rompent ici la navigation de l'Ottawa offrent une
énorme puissance de « houille blanche » aux scie-
ries ou autres usines. Comme Québec, Ottawa se
partage en haute et basse ville. C'est là que réside
le gouverneur général du Canada, et que se réunit
la Chambre des Communes. Comme je ne fais ici

qu'une rapide description de voyage, je me borne
à rappeler que le Parlement se compose d'un sénat
de 81 membres nommés à vie par le gouvernement,
et d'une chambre de 212 membres élus pour cinq
ans par l'électorat.

En quittant Ottawa pour les grands lacs, le train
continue à rouler dans un pays cultivé. Panorama
incessant de centaines de petits lacs. Depuis
North-Bay jusqu'à Port-Arthur, trois jours de fo-
rêt au sol infécond, ingrat et pierreux. C'est en
approchant du lac Nepissing que le pays s'acci-
dente et devient rocheux et maussade. Moins de
culture, plus de bois. A intervalles plus ou moins
éloignés, des villages et des bourgs nés à l'américaine. Le chemin qu'on suit est une succession de
collines de pins, le sol est rocheux, les arbres plus
ou moins clairsemés, anémiés et peu robustes ; ici,
cascades ; là, petits lacs. Et les heures passent. Voilà
qu'un coin du lac Supérieur se dessine à gauche,
cependant qu'à droite, les arbres maigres conti-
tinuent, avec les rochers partout. A Mattawa, un
chemin de fer se détache sur le lac Temiskaming,
centre de chasse pour le renne et de pêche. On
trouve, au sud de la station, Algonquin Park, réserve de bois et de gibier établi par le gouverne-

ment d'Ontario. A Cartier, les voyageurs de l'ouest retardent leur montre d'une heure. J'y rencontrai un vieux brave homme, le maître de poste, qui parlait français. Le fait était à noter, car dans ce vaste Canada, dans la province de Québec même qui est purement française, les chemins de fer n'ont que des agents parlant anglais. Ces agents, ceux surtout qui sont en contact constant avec le public, devraient parler les deux langues. C'est le cas de presque tous les Canadiens français. Les Anglais, eux, je l'ai dit, se refusent à apprendre le français... Orgueil de race un tantinet ridicule.

Pendant longtemps, avant d'arriver au lac Supérieur, on voit ses eaux argentées par les rayons de soleil. Tantôt on court sur sa rive, tantôt on s'en éloigne, pour se trouver au-dessus de lui, puis à son niveau, Ce sont tunnels sur tunnels, tranchées après tranchées, ponts, viaducs, qui témoignent tout à la fois et des difficultés qu'on a eues à surmonter, et de la hardiesse et de l'initiative de celui qui les a surmontées.

On traverse le Nepigon sur un joli pont de fer ; on longe la rive du Thunder-Bay et l'on arrive à Port-Arthur, terminus de la division de l'Est. Nous sommes dans la région des grands lacs, véritables

mers intérieures avec leur superficie totale de
260 000 kilomètres. Je revoyais par la pensée nos
mignons lacs de France, du Bourget, chanté par
Lamartine, d'Annecy, si coquet, d'Aiguebelette,
minuscule, de Paladru, dans mon beau Dauphiné !
Et j'étais au bord de ce lac Supérieur qui mesure
700 kilomètres de longueur, 300 de largeur et 300
mètres de profondeur. Ses frères ne lui cèdent en
rien. L'Erié a 40 mètres de profondeur, 470 kilomètres de long, 100 de largeur ; le Huron 260 mètres de profondeur, 420 kilomètres de longueur,
160 de large ; le Michigan, 300 mètres de profondeur ; 500 kilomètres de longueur, 120 de largeur ;
c'est là la moitié des eaux douces du globe... Ces
lacs communiquent avec l'Océan Atlantique par le
Saint-Laurent et les canaux canadiens. Port-Arthur est la tête des lignes de navigation intérieure,
c'est là le port d'attache du steamer qui fait le service du Sault Sainte-Marie.

Nous sommes à 998 milles de Montréal, soit à
1 600 kilomètres. A 7 kilomètres de Port-Arthur, voici
Fort William. Jolies villes dont le train traverse les
rues libres de barrières, en sonnant à toute volée.
Port-Arthur et Fort William, par la beauté de leur
situation, sont devenus des centres de tourisme.

Voici, de l'autre côté de la baie, une sorte de long
promontoire de basalte appelé le « géant dormant, »
suivant une vieille légende indienne. De Port-Arthur
la région forestière se continue encore sur un long
parcours, équivalent à celui de Paris à Lyon, avant
d'arriver à « la prairie ». Les stations, très rappro-
chées, ne sont guère éloignées de plus de sept ou
huit kilomètres. Là, beaucoup d'appellations déri-
vées de l'iroquois. Le paysage est le même toujours ;
rochers, rivières et petits lacs, forêts et mines. C'est
dans ces rivières que les trappeurs et les chasseurs de
fourrures guidèrent leurs canots pendant 250 ans.
Le centre d'exploitation de cette région est Rat-Por-
tage, sur le lac des Bois, lequel est le plus grand lac
desservi par le chemin de fer entre le lac Supérieur
et le Pacifique. Mais voici Beauséjour, voici Birds-
Hill (la colline des oiseaux) ; nous traversons la Rivière Rouge sur un long pont de fer et nous entrons
dans Winnipeg... Nous sommes sur le sol noir du
Manitoba, chargé d'humus, qui n'aura pas besoin
d'engrais pendant des années ! C'est la prairie sans
fin.

Le train était très animé. J'y rencontrai à notre
arrivée deux Canadiens français qui s'en allaient
aux États-Unis pour la coupe des bois. Il était cinq

heures du matin, ils vinrent me parler. L'un était
déjà... ému... Vous savez, le wisky... Le second,
nommé Royer, un nom bien français, était un garçon très sensé, très raisonnable et sa conversation
était fort intéressante, ma foi.

Il y a trente ans, Winnipeg, l'ancien Fort Garry,
était un pauvre village. Il comptait exactement, en
1871, cent habitants. Il y en a aujourd'hui 60 000.
Bien placé à la jonction de la Rivière Rouge et de
l'Assiniboine, toutes deux également navigables
par vapeur, Winnipeg a été, pendant longtemps, le
poste central de la fameuse compagnie de la Baie
d'Hudson. Il commande aujourd'hui tout le commerce de la région, au nord, à l'est et à l'ouest,
Winnipeg est bien construit, avec lumière électrique, tramways, parcs, hospices, université.

Winnipeg, la métropole de l'ouest, est le Chicago
canadien. Tout anglais, bien entendu : nous ne
sommes plus dans la province de Québec. La gare,
très vaste et somptueuse, est animée par les allées
et venues des colons, et l'arrivée des émigrants que
déverse chaque train. Dans la grande salle, un
amoncellement, un Pelion sur Ossa de brochures
de toute nature, sur la colonisation et ses centres,
les terres à vendre, les Homestead à prendre, la

nature du sol, les productions, les paroisses, etc...

J'eus le très vif plaisir de rencontrer à la gare M. Bernier, que j'avais vu à Paris et qui est mort, il y a quelques mois à peine, sénateur. Nous fîmes un tour de ville. Il habitait Saint-Boniface, la partie française de Winnipeg dont elle n'est séparée que par la Rivière Rouge. Saint-Boniface est le siège de l'archevêché catholique. M. Bernier en avait été maire. Je déjeunai dans sa petite maison, la maison du sage où la vie s'écoule, familiale et apaisée. Mon hôte avait douze enfants ; sa femme, toute petite, mais alerte, intelligente, accueillante, dirigeait tout ce petit monde avec le plus parfait naturel. J'eus le plus vif plaisir à vivre de cette vie de famille patriarcale. Ce Canadien français parlait le français comme vous et moi. Mais il aimait le Canada, et, dans le Canada, le Manitoba de toute son âme. Il s'animait en parlant, et non sans une pointe d'humour, s'écriait à propos de l'éloignement du Canada :

— Mais, en définitive, nous sommes, aussi bien que tous les autres, au centre du monde !

C'est M. Bernier qui me donna une curieuse petite brochure qu'on trouverait difficilement sur les bords fleuris de la Seine : un almanach en langue iroquoise. Dame ! elle sonne durement à nos oreilles latines, cette langue. Je pense intéresser mes lecteurs en reproduisant ici *l'Ave Maria* iroquois.

Ave

Ma-ri Sta-ta-mish-ka-tin Sha-ka-Shi-nesh-ka-kuin a-i-a-mi-eu mi-ru-a-si-ue-un, Tshe Ma-ni-to tshi ui-tschi-mok, kas-si-no éta-shits isho ku-e-uts-e-ko tshil a-lo-tsi-tsi-tu-a ue-ri-ta-ko-shin kie tsitsitua ue-ri-ta-ko-sho tshi kush Je-sus.

Tsi-tsi-tu-a Ma-ri Tshil Tshe Ma-ni-to Ka u-ku-si-tut a-i-a-mi-to-nan ka pas-ta-ti-ats a-not-schish, kie tshe ni-pi-ats a-i-a-mi-to-nan.

La langue iroquoise n'a que 16 lettres. Elle n'a ni le b, ni le d. Et c'est chose curieuse que d'entendre les fils de la plaine répondre, à la messe, par exemple. Ils traduisent indistinctement le b et le d par un t.

— Tominus — et team kui letipikat jupentutum meam… konpiteor.

Les noms des mois sont plus compliqués que chez nous : Juin, uapokum Püshum ; juillet, She-tan Püshum ; août, opo ; septembre, ushakau ; octobre, uasteshiu ; novembre, takuatshi ; décembre, püshimush ; février, epsiminiskueu, etc.

— Take care ! m'avait crié de Martigny en partant de Québec ! Prenez garde aux Squaw...

Et il disait Squaw en ouvrant démesurément la bouche... avec un formidable accent circonflexe.

Je ne vis pas de Squaw... En vain, je fis à pied le trajet de Winnipeg à Saint-Boniface, c'est-à-dire la traversée de la Rivière Rouge, autrefois leur domaine : je ne vis rien. Il y en a encore assurément, comme à Québec, mais clairsemés, disséminés, dans leurs réserves, se mêlant aux blancs en général, cultivant la terre, venant travailler dans les fermes... Les irréductibles, ceux qui ne veulent pas se livrer aux travaux des champs, continuent à vivre de pêche et de chasse... Je serais certainement dès lors revenu bredouille si un beau jour, sur le pont, on ne m'avait montré une bien inoffensive et bien tranquille bonne femme... C'était une Squaw... Bidard n'avait rien qu'un billet, un seul billet. Je n'ai eu qu'une Squaw. Encore a-t-il fallu qu'on me le dise. Je ne m'en serais jamais douté.

Je demeurai quelques jours à Winnipeg, cité bien américaine. Les rues, larges comme deux fois les boulevards de Paris, bordées de maisons dont beaucoup n'ont qu'un rez-de-chaussée, échoppes et magasins. Comme dans toutes les villes à transformations brusques, on voit, à côté de constructions primitives, des « bâtisses », des « building » de vastes dimensions. M. Bernier me ramena à Winnipeg et me fit visiter l'Université, un grand bâtiment où, dès l'entrée, j'entendis des voix d'hommes et de femmes. C'était l'heure du solfège. La musique adoucit les mœurs.

Le prodigieux développement de Winnipeg n'a pas été sans heurts. Vers 1880, je crois, on y traversa une crise, une fièvre de spéculation extraordinaire. Les cours montaient, montaient... Le champagne coulait à flot, c'était l'ivresse des affaires. Il y eut krack, comme de juste. Mais quelques années après, tout s'était tassé et la vie normale avait repris sa marche régulière.

Je mis à profit mon séjour à Winnipeg pour étudier la question de colonisation d'aussi près que possible. Je suis persuadé que j'intéresserai mes lecteurs en entrant dans quelques détails à cet égard. Notre vieille Europe a besoin de se tenir au courant des conditions de la lutte économique dans le monde entier. M. Bernier, comme maire, comme Canadien et comme particulier, s'occupait naturellement beaucoup d'agriculture. Il me développait ses idées avec une chaleur toute patriotique, et revenait toujours à son :

— Le Canada est loin ? Loin d'où ? De Paris ? L'éloignement, c'est très relatif... nous sommes toujours au centre.

Il est certain que le Manitoba réserve des avantages sérieux à qui veut y venir travailler, et apporter son argent. Mais il faut avoir la force morale, la volonté, se résigner à vivre isolé, et surtout à s'arranger avec l'élément anglais au milieu duquel on est un peu noyé ! Au début, on perd pied quand on sort de la tutelle française.

Je l'ai dit, le Manitoba est une plaine, une vaste Beauce, grande comme la France, ouverte à l'agriculture, à l'élevage, voire à la spéculation de terrains. Ce sera un des greniers de l'Europe que cette vaste prairie qui, sans engrais et à des prix purement nominaux, attend la charrue pour déchirer ses entrailles et la féconder.

C'est donc question de travail, d'énergie et de volonté.

Dans tous les cas, je donne ici impartialement les résultats de mon étude. Beaucoup d'éléments m'ont été fournis par M. Bernier, je les accompagne de mes impressions personnelles. Il se dirige vers le Manitoba un mouvement d'émigration prononcé venant d'Angleterre, d'Irlande, d'Allemagne et un peu de France. Une colonie juive y est même installée. Ces émigrants possèdent tous un petit capital, et, pour une partie, achètent des terrains, les « homesteads » gratuits étant éloignés de plus en plus du chemin de fer. Il y aurait pour la spéculation de terrains et la Banque, un champ d'opérations intéressant. Jusqu'ici, les capitaux anglais y vont seuls fructifier. Winnipeg compte une quinzaine de banques en fonctionnement et prêtant aux colons. Je ne sais pas s'il y en a une française. Le taux des avances va de 7 à 8 et 9 0/0. Des sociétés de colonisation ont acheté des terrains qu'elles font exploiter ou même qu'elles gardent purement et simplement pour les revendre avec plus-value. Les agglomérations franco-belges qui existent et qui se créent iraient volontiers, j'imagine, aux établissements de leur nationalité, à conditions même égales.

Un ancien gouverneur-général du Canada a acquis dans la Colombie Britannique, au prix de 1 250 000 francs, un ranche sur lequel il a établi des petites fermes dirigées par des colons écossais

de choix. J'ai dressé avec M. Bernier un projet
très intéressant de société de colonisations étayé
de chiffres et qui, basé sur un capital de 3 500 000 fr.
devait donner en cinq ans 6 167 000 francs, soit
2 millions et demi de bénéfices. Ce projet mettait en réserve des terrains pour être vendus à des
émigrants. Il est certain, en effet, que le libre jeu
des lois économiques, et la constitution d'une première agglomération centrale, doivent amener des
groupements nouveaux.

Une Compagnie de chemin de fer a, dès 1885,
créé et exploité elle-même dix fermes situées en
différents endroits, variant de 6 à 800 kilomètres de
Winnipeg. Elle ne comptait pas, dès la première
année, avoir des récoltes, mais simplement préparer le terrain pour le printemps suivant. L'étude
du sol détermina la Compagnie à tenter l'essai immédiat. Le 27 mars, un train emmenait les instruments et les semences. Les travaux commençaient
le 31. Dès cette année-là, les récoltes moyennes des
dix fermes en blé, avoine et orge, étaient très sa-
tisfaisantes. On pouvait escompter pour l'avenir
un rendement à l'hectare de 29 hectolitres pour le
blé, 36 pour l'orge ; 54 pour l'avoine ; 214 pour la
pomme de terre, 260 pour la betterave... Le pro-

priétaire d'une ferme monstre annonçait qu'il pourrait envoyer bientôt plus de 7 millions d'hectolitres de blé qui lui reviendraient à 4 francs à peine. Si vous ajoutez cinq francs de transport, de quel poids peuvent être, dans ces conditions, les tarifs de douane. Au surplus, le Canada exporte depuis longtemps du beurre et des fromages en Chine et au Japon ; son chemin de fer est de plus en plus la grande artère d'un trafic commercial entre trois continents : l'Asie, l'Europe et l'Amérique..

Mêmes résultats pour le rendement du lait. Un curé d'une paroisse située à 50 kilomètres de Winnipeg me disait que les cultivateurs retiraient 25 francs par mois, par vache. L'élève du bétail se développe également, on exporte des bœufs en Angleterre, au prix moyen de 225 francs..., on fait, dans l'Alberta, l'élevage du cheval.

— Les terrains, me disait M. Bernier, sont naturellement à acheter dans les endroits encore inoccupés, et par conséquent d'un prix relativement peu élevé, en tenant compte cependant de la proximité des voies ferrées et des centres de marchés. On crée des fermes, on y fait des groupements ; à la solitude on substitue le mouvement et l'activité. En

d'autres termes, par une opération tout à la fois
simple et productive, un établissement nouveau se
met rapidement sur un aussi bon pied que ceux
où le terrain se vend plus cher. D'où plus-value
immédiate.

« Cette augmentation graduelle, mais continue,
de la valeur des terrains, par le seul écoulement
du temps, l'accroissement de la population et des
affaires, est chose tellement reconnue, que l'Université de Manitoba, qui possédait 70 000 hectares
de terre, refusait de vendre, malgré les demandes.
Le conseil d'administration était persuadé qu'une
attente de quelques années doublerait la valeur
des terrains et par conséquent la dotation de l'université. »

Si l'on veut avoir une idée de ce que représente
la récolte du blé au Canada, il suffit de dire que
l'an dernier, en 1908, le Manitoba, à lui tout seul,
a eu besoin de vingt mille moissonneurs, une véritable armée qui lui arrive de tous côtés par les
voies ferrées.

Le Manitoba est un grand exportateur : j'ai eu
plus haut occasion de le dire. C'est par millions
d'hectolitres qu'il expédie son blé au vieux monde,
déjà client cependant de la Russie, des États-Unis,

de la République Argentine. La récolte de 1908, un peu inférieure à 1907, semble-t-il, a été approximativement de 43 millions d'hectolitres, dont 600 000 pour Québec, 6 millions et demi pour Ontario, 21 millions pour le Manitoba, 20 millions pour les nouvelles provinces, toutes neuves créées, d'Alberta et de Saskatchewan. C'est un rendement inférieur à celui des trois centres des États-Unis, grands fournisseurs de blé ; le Dakota, nord et sud, et le Minnesota, qui ont atteint 63 millions d'hectolitres l'an dernier. Il faut souligner par contre que l'ouest canadien est loin d'être complètement exploité. Or, les terres à blé en rapport y donnent 20 boisseaux à l'acre — soit 18 hectolitres à l'hectare — contre 14 aux États-Unis. On voit la concurrence formidable que constituera le Canada à mesure qu'il sera mis en culture.

Chaque année, en France, les compagnies sont à court de wagons. Songe-t-on à ce qu'exige le transport de pareilles masses de blé expédiées en Europe ? Ce transport requiert tous les wagons et locomotives des compagnies et tous les navires des entreprises de navigations des grands lacs. La route du Saint-Laurent est de plus en plus employée et il y a là un gros élément de prospérité

pour le Canada. Montréal, à ce point de vue, a
déjà beaucoup enlevé de ce trafic à Boston, à Phi-
ladelphie et à New-York. Au double avantage qu'il
offrait déjà d'être plus· rapproché de Liverpool et
d'offrir des tarifs de transport moindres, Montréal
vient d'en ajouter un nouveau : le prix de transport du grain, par voie ferrée, est abaissé de un
cent et cinq huitièmes à neuf dixièmes de cent du
minot.

C'est donc à bref délai, semble-t-il, pour la route
du Saint-Laurent, la suprématie incontestable sur
les ports américains, au profit des ports canadiens
de l'océan Atlantique.

Le colon qui arrive avec quelques billets de
mille francs construit en général sa maison. Elle
deviendra plus tard, avec la réussite, une remise
et fera place à un logis plus confortable. Mais on
peut trouver là-bas ce qui ne se rencontre pas en
France : une maison de bois que vous emmenez
avec vous par chemin de fer et n'avez plus qu'à
monter et à boulonner. Vous recevez ce colis
franco par petite ou par grande vitesse au choix,
comme un simple colis postal. J'ai entre les mains
le plan de quelques-unes de ces maisons. Pour
1 800 francs, vous avez un immeuble de 6 pièces,

clefs en mains. Les accessoires de luxe se payent naturellement en plus : je veux dire vérandas, balcons, etc. Pour 800 francs, vous emportez un logis portatif de deux pièces...

Je ne sais pas, d'ailleurs, si la vente de ces « immeubles » ambulants marche bien. Les quatre quarts des émigrants ne se payent pas ce luxe. Ceux qui ont de l'argent achètent tout de suite des propriétés avec maison d'habitation. Pour les autres, l'installation est infiniment plus primitive. Le colon arrive : il abat des arbres, les rassemble et se fait une hutte qui l'abrite tant bien que mal. Cette construction est la première condition de l'octroi de l'homestead.

Peut-être verra-t-on bientôt là, comme aux États-Unis, des cottages de bois, vivants, riants, peints en rouge, en bleu, en vert, se mariant au feuillage et à l'or des moissons.

Un livre comme celui-là ne vaut que par la documentation. C'est à ce titre que je donne ici les tableaux que j'avais élaborés à Winnipeg, avec divers Canadiens très entraînés.

SOMMAIRE

—

Capital : 3 500 000 francs.

Emploi :

1. Achat de 100 000 acres de terre à 17,50
l'acre prix moyen . . . . 1 750 000 fr
2. Création de 50 fermes à
35 000 fr. l'une, moins le
coût du terrain de chaque
ferme déjà inclus dans l'a-
chat des 100 000 acres, soit
160 acres chaque ferme, à
17 f. 50 l'acre . . . . = 2 800 fr.

Réduisant le coût de chaque
ferme à . . . . 32 200 »
et faisant pour les 50 fermes
un total de. . . . . . 1 610 000 » = 1 610 000 »

          3 360 000 »

Laissant par conséquent la somme de
140 000 fr. pour couvrir frais prélimi-
naires et de mise en vente, et pour
créer un fond de roulement. . . . . 140 000 »

    Dépense totale . . 3 500 000 »

Pour contenance et aménagement des fermes, voir cédule A.

Remboursement :

1. Rendement des 50 fermes pendant 5 ans
   (Pour détails, voir cédule B) . . . .   1 656 250 »
2. Valeur des fermes au bout de 5 ans, y
   compris valeur des terrains : 35 000 fr.
   chacune × 50 = ...   1 750 000 »
3. Revente des terrains va-
   cants, déduction faite du
   terrain des fermes : total
   terrains . . . . . .   100 000 acres

Terrain pris pour les fermes   8 000   »

Laissant pour la vente . .   92 000   »

         à   30 f. l'ac.

        2 760 000 fr. =   2 760 000 »

       Revenu total .   6 166 250 »

Résumé :

Capital employé ou dépense totale :
3 500 000 fr. . . . .   en 5 ans
Capital remboursé ou recette : 6 166 250 f.
Différence en faveur des capitalistes ou gain : 2 666 250 f.

Cédule A

Contenance et aménagement des fermes.

Chaque ferme se composera de :

160 acres (approximativement 64 hectares) de terre.

1 maison de 22 × 16 pieds, avec un appenti de 16 × 12 pieds, pour la cuisine — formant en tout 5 pièces.

1 étable, avec remise, le tout, suffisant pour abriter 2 paires de bœufs, 5 chevaux, 25 vaches et leurs croîts.

1 hangar à grains, avec remise pour voitures et instruments d'agriculture.

1 laiterie en rapport avec le nombre de vaches.

1 porcherie pour 20 cochons.

2 paires de bœufs.

5 juments.

25 vaches laitières.

1 taureau.

20 cochons.

1 paire de harnais pour les bœufs.

2   »   »   »   chevaux.

3 charrues ordinaires, selon les besoins de la ferme.

2 herses.

1 rouleau.

1 semoir.

2 wagons doubles pour charroyer (char à 4 roues).

2 sleighs   »   »   »   (traîneaux pour hiver).

1 faucheuse.

1 moissonneuse-lieuse.

Plus les petits instruments ou outils nécessaires à une ferme, tels que seaux, fourches, houes, marteaux, tenailles, limes, haches, scie, meule, etc.).

RENDEMENT DES FERMES

Cédule B

Sur les 160 acres, contenance de chaque ferme, on ne met en ligne de compte que 100 acres, cultivés en blé ; le produit du surplus devant rester sur la ferme pour l'entretien des animaux, la semence, et la consommation généralement. Donc :

100 acres de culture au blé : rendement
  moyen, par acre . . . .   20 minots
dont il faut déduire, pour frais de culture par acre.   10   »
____
Laissant au propriétaire produit net . .   10 minots

10 minots par acre, sur 100 acres = 1 000 minots par
chaque ferme ; 1 000 minots, à 4 francs le minot, prix
moyen . . . .   4 000 fr.
Et. . . . .   50 fermes
____
donnent .   200 000 fr.

Soit, annuellement, pour les 50 fermes, en
céréales. . . . .   200 000 fr.
25 vaches laitières
à 25 fr. de ren-
dement chacune
et chaque année   625 f. chaque ferme
et pour . . . .   50 fermes
____
donnent . . . .   31 250 francs
Annuellement . . . .   31 250 »
____

Les 50 fermes auront donné annuelle-.
ment, par les céréales et le lait . . .   231 250 »
Et pour ces 2 branches d'industrie agri-
cole seulement elles auront donné
pendant . . . .   5 ans
____
la somme de . . .   1 156 250 »

Au cours de ces 5 ans, les juments et les
vaches auront donné des croîts, dont
l'évaluation suit :

Dans les 5 ans, chaque
vache donne au pro-

priétaire la valeur d'au moins 2 têtes à 100 fr. la tête, soit 200 fr. : or 200 fr. par vache, pour

	25 vaches	
	200	
donnent	5 000 fr.	
et pour	50 fermes	
on a un total de . . .	250 000 fr. =	250 000 »

5 juments devraient donner, au propriétaire, chacune 2 têtes au moins, faisant collectivement 10 têtes au bout de 5 ans, mais comme les aléas sont ici plus considérables, on ne demande aux juments que 8 têtes, collectivement, pour le propriétaire, au cours des 5 ans, or 8 têtes de la valeur moyenne de 625 fr. l'une . . . =

	5 000 fr.	
et pour	50 fermes	
en cinq ans on a . . .	250 000 fr.	250 000 »
Total du rendement des fermes en 5 ans		1 656 250 fr.

Les produits de la basse-cour et de la porcherie
sont laissés de côté pour les aléa.

Et M. Bernier étayait ces chiffres des réflexions
que voici :

— Il ne s'agit point ici d'une entreprise indus-
trielle, ayant à compter avec tous les aléa du
commerce, de la détérioration d'un outillage par
négligence, l'usage, ou l'incendie ; il s'agit d'une
opération ayant pour objet le sol même, — un sol
extrêmement fertile — qui ne peut s'envoler, dans
un pays neuf, auquel chaque jour apporte quelque
nouvel élément de développement, où de nouvelles
voies ferrées se construisent sans cesse, et où l'immigration jette tous les jours de nouveaux habitants
et de nouveaux capitaux, créant un mouvement
d'affaires dont profitent toutes les entreprises...

« Les titres de propriété sont inattaquables, et
garantis par le gouvernement.

« Nous jouissons de la paix, et en nulle autre
partie du monde les institutions politiques ne sont
plus établies. »

En somme, le Canada offre d'immenses ressources. Il faut y aller, non en enthousiaste, mais
en homme pratique et bien s'affirmer.

Ne croyez pas aux phrases sentimentales. Ne vous fiez pas aveuglement aux brochures. On ne fait nulle part fortune avec seulement du travail. La vérité, c'est qu'il faut avoir de l'argent. Avez-vous, cultivateurs, au moins un petit capital, avec votre habitude de labeur personnel, partez.

Ne comptez pas sur des aides. C'est là du sentiment tout pur. En affaires, il n'y a pas de sentiment. Chacun pour soi et Dieu pour tous. Vous rencontrerez le tempérament anglo-saxon et normand, si j'ose dire.

Et je conclus. Je dis aux braves gens que tente le Canada, à juste titre après tout :

— Vous voulez être cultivateurs et colons. Vous êtes résolu à mettre la main à la pâte, à travailler vous-mêmes. Vous avez un peu d'argent, vous êtes pratique, entraîné aux affaires, alors partez. Ne vous attardez pas dans la ville. N'y restez que temps de chercher et de choisir. Défrichez, cultivez, semez, récoltez, et ne vous fiez qu'à vos bras et à la Providence.

Soyez, vous aussi, *Smart*.

J'ai voulu, surtout, dans ces lignes, insister sur Québec et le Manitoba. Je glisserai dès lors plus rapidement sur la fin de mon voyage jusqu'à Vancouver.

Ce n'est pas que cette partie de ce long trajet ne soit tout aussi intéressante que la première. Mais j'allais à Vancouver en simple touriste, — et en touriste pressé de rentrer. J'aurais pourtant bien voulu faire quelques escales, quelques crochets, aller serrer la main aux Français qui se sont installés dans l'Assiniboia, dans l'Alberta, etc. Mais j'étais talonné par le temps. Je n'ai pu que voir les Montagnes Rocheuses et la Colombie britannique sans presque m'arrêter.

La prairie va de la Rivière Rouge aux Montagnes Rocheuses, une jolie petite prairie de 1 500 kilomètres. C'était, il y a quelques années, une affaire de semaines ; c'est aujourd'hui une question d'heures. Sur le parcours, en quittant Winnipeg, on rencontre de fréquents centres de colonisation et des Français y ont créé des établissements intéressants. A Saint-Malo une beurrerie envoie ses produits jusque sur le marché japonais. A Fannystel, à 60 kilomètres environ de Winnipeg, autre colonie de bons Français de France.

Le Manitoba est la vaste plaine, sans ondulation, avec des bouquets de bois, verte à perte de vue,

unie comme la table d'un billard, bordée au loin
dans le Sud par un rideau d'arbres qui marque le
cours de l'Assiniboia. C'est après deux jours de
chemin de fer dans cette Beauce d'outre-mer que
les Montagnes Rocheuses apparaissent en un vaste
demi-cercle : on traverse les terres à blé du Manitoba, les terres à élevage de l'Assiniboia et de l'Alberta. Ce fut la demeure du bison : il a disparu,
mais le bétail l'a remplacé.

Le train file, file... Nous traversons des villes
nombreuses. Voici Portage-la-Prairie. Comme
Winnipeg, cette ville s'est créée d'un coup de ba-
guette de fée. Voici Brandon, dans l'Assiniboia,
une rivale de Winnipeg, avec laquelle on entre
dans le steppe qui monte jusqu'aux Montagnes
Rocheuses. C'est la vraie prairie, prairie fraîche
et jolie qu'on chante dans le *Pré aux Clercs*. C'est
une mer verdoyante et, comme dans l'autre mer,
l'horizon seul limite la vue. Les stations succèdent
aux stations. A 450 kilomètres environ de Winnipeg, on trouve la fameuse ferme Bell, une
ferme de 160 kilomètres carrés. Est-ce absolument de l'agriculture, n'est-ce pas plutôt une industrie que cette manufacture de blé où tout
marche quasi militairement ? Quelle ferme que

celle dont les sillons ont 6 kilomètres de long !...

Regina est la capitale des Territoires du Nord-Ouest et de l'Assiniboia. Il en rayonne des embranchements dans diverses directions. Autant que j'ai pu en juger, cette ville est jolie comme son nom. Elle est le quartier général d'un corps inconnu ailleurs : la police montée du nord-ouest. Son action s'étend sur un territoire immense. A l'origine, elle n'était pas inutile à l'endroit des Indiens qui ne voyaient pas sans un serrement de cœur et une colère qui s'explique, l'envahissement de leur domaine. Le quartier général de cette police montée offre un coup d'œil fort pittoresque avec ses baraquements, ses quartiers d'officiers, ses magasins, sa salle d'exercices. Elle comprend 850 hommes.

Les embranchements de Saint-Paul et de Minnéapolis se soudent au Canadien Pacifique à la station de Pasqua, un peu au delà de Regina. Dans l'Assiniboia, on trouve plusieurs établissements français, entre autres celui de la Rolandrie pour lequel la duchesse d'Uzès a sculpté un saint Hubert. On a essayé d'y créer une sucrerie, on y a poursuivi depuis, je crois, l'élève des chevaux.

A 600 kilomètres de Winnipeg commence l'ascension d'un autre steppe. Plus de fermes, plus d'arbres pendant 150 kilomètres ! On regarde les antilopes. Car c'est là un pays d'élection pour le chasseur. Les lacs deviennent plus nombreux, ceux-ci salés, ceux-là alcalins, les autres limpides et clairs. Le gibier abonde : oies, grues, canards de toute espèce, faisans, bécassines, pluviers. Le gibier d'eau est inépuisable. Le pélican se tient en masse sur la côte... Quant au buffle, il faut aller encore plus au nord. Dans ces parages, on rencontre les Squaw dont on m'avait tant parlé à Québec ; bien inoffensifs, pittoresques, mais sales. Tels les campements bohémiens d'Europe.

A Crowfoot, à 3 300 kilomètres de Montréal, on aperçoit les Monts-Rocheux, distants pourtant de plus de 150 kilomètres encore. Voilà les pics neigeux et les crêtes aiguës fermant l'horizon et chevauchant les uns sur les autres. Là, résident les fameux Pieds Noirs, une des tribus indiennes les plus guerrières d'antan, pacifiée aujourd'hui.

Nous arrivons à Calgary, à la base des Montagnes Rocheuses, capitale de l'Alberta, ville en granit... centre de ranches, de troupeaux menés par des cow-boys, au chapeau de mousquetaires... Après Calgary, Canmore et ses mines de charbon, Banff et ses eaux sulfureuses qui attirent de nom-

breux baigneurs. Banff a été transformé en Parc
national vraiment admirable. Autour, le Mont Cascade avec 3 000 mètres de hauteur, où apparaissent
chèvres et moutons sauvages. Marchons toujours
et notons Laggan et ses « lacs dans les nuages ».
Les Montagnes Rocheuses sont franchies, nous arrivons à la Colombie britannique, nous voyons les
Selkirks. Quel contraste avec les jours précédents !
C'était la plaine nue, c'est ici la montagne devant
et derrière. On gravit les Selkirks et pendant 30 kilomètres, on marche entre des arbres épais,
énormes, fantastiques, puis des montagnes, et encore des montagnes !

A Mission, un embranchement s'en va dans le
Sud vers Portland et San Francisco. Pour nous, à
travers des arbres géants, nous débouchons tout à
coup sur les eaux du Pacific dans une trouée su-
bite et arrivons à Vancouver — le San Francisco
canadien — dont la fondation date de 1886 et qui
compte 30 000 habitants aujourd'hui.

Nous sommes au terme du voyage. Nous avons
fait 5 000 kilomètres. Vancouver est encore une ville
champignon. En 1886, elle comptait tout juste
quelques masures. Elle a aujourd'hui 60 000 habitants... Et elle a subi un incendie. Chaque semaine

des navires y arrivent d'Australie, de Chine, du
Japon. Et l'on va en un mois de Londres à Hong-
Kong par Vancouver, ville exclusivement de commerce. L'administration de la province est à Victoria, de même que la capitale fédérale a été
installée dans la petite ville d'Ottawa. Les hommes
d'État d'outre-mer veulent travailler hors de l'agitation.

Ce qui est caractéristique à Vancouver, ce sont
les Chinois. Il y en a partout, et non pas seulement
comme dans d'autres villes, dans les blanchisse-
ries. Cela explique l'hostilité des trades-unions
contre l'invasion jaune. L'appellation de Vancouver a remplacé un nom bien français, celui de Gran-
ville, qu'on a laissé d'ailleurs à l'une des principales rues. Les eaux du Pacifique qui le baignent
s'en vont vers le Japon et le céleste Empire. J'aurais
voulu revenir par là. Mais l'on propose sans disposer. Le temps me pressait, mon passage était re-
tenu à New-York. Je repris la route de l'Est.

VII

LE NIAGARA. — SALUT A LA FRANCE !

Après quelques jours de repos à Vancouver, je
repartais pour Montréal, d'où je revins à New-
York, comme j'en étais venu, par le chemin de
l'école buissonnière. Je fis un crochet vers les
chutes du Niagara.

Le malheur de ces impressions est qu'elles parlent de pays qui ont été décrits déjà mille fois.
Que dire du Niagara après Chateaubriand ? Je me
borne à laisser parler mon cœur spontanément,
sans chercher des effets de style ou des narrations
colorées. Je pris à Montréal le Grand Tronc, la seconde grande ligne canadienne. Le train était
bondé. Il faut signaler un procédé excellent, pour
la nuit surtout. Dans chaque wagon, un appareil
lumineux fait apparaître, à l'aide d'un ingénieux

mécanisme, le nom de la station. Nous co-
toyons pendant tout le voyage la rive canadienne
et longeons le lac Ontario. A Toronto, nous quittons la ligne qui s'en va à Chicago, et tournant au
Sud-Ouest, filons sur Hamilton. Toronto ! Hamilton ! nous approchons des États-Unis et toutes les
villes sont taillées sur le même patron. A Hamilton,
nous changeons de train. La ville est bâtie à la
pointe aiguë d'un triangle que dessine le lac Ontario et dont Toronto et le Niagara formeraient la
base. Nous arrivions à midi à Niagara. Je sortis tôt
de la gare : le temps était beau et le grondement de
la cataracte, à 3 kilomètres de là, se faisait entendre. Je voulais tout d'abord me préoccuper de mes
bagages. Je cherchai le « Custom House », autrement dit la douane, mais là encore mon diable
d'accent, et aussi, un peu, soyez-en assuré, une
pointe de malice des employés, me faisaient mal
comprendre. Ces petits tours inoffensifs, mais dé-
sagréables, ne sont pas rares à l'étranger. A Venise
n'ai-je pas attendu une demi-heure pour avoir un
billet pour Turin. Je disais Turin... Le préposé ne
voulut jamais comprendre. Un éclair d'intelligence
finit par me faire crier : *Torino*... Et j'eus mon
ticket.

Je finis par savoir que mes malles avaient traversé le Pont, « suspension Bridge », et s'en étaient allées aux États-Unis sans crier gare. Il était midi. J'avais largement le temps, jusqu'au lendemain, de les faire visiter, et *checker*, je veux dire enregistrer. Je mis donc ma valise à la consigne : coût, dix centins ou 50 centimes, et, sous la chaleur, je me dirigeai vers les chutes, pédestrement, ce que je préfère de beaucoup. Mais, tout comme dans nos villes d'eaux françaises, il y a là des pisteurs d'hôtel et des cochers pour harceler le voyageur. Je conseille fort, en passant, à ceux qui veulent se faire véhiculer, de convenir du prix d'avance. Ils commencent par vous demander 7 ou 8 dollars, 40 francs, pour tomber à deux, soit dix francs... Pour moi, je tins bon et demeurai sourd à toutes les invites. Je ne suis pas montagnard pour rien et trois kilomètres ne pouvaient m'effrayer. La route est charmante, au surplus. Les deux gouvernements américain et canadien entourent ce joyau de sollicitude et font assaut d'efforts pour l'embellir. Ils ont créé, de chaque côté de la rivière, des parcs soigneusement entretenus et qui offrent de charmantes promenades. Du côté canadien, le parc se développe sur un espace de huit kilomètres.

L'état de New-York a créé de son côté un paysage
ravissant et a aménagé l'Ile des Chèvres, qui sépare
les deux chutes en un parc de cinq à six hectares
tout à fait charmant. Je suivis le côté canadien,
contemplant l'autre rive ombrée, égayée par de
nombreuses villas enfouies dans la verdure. A dire
vrai, je m'étais forgé par la pensée une nature
beaucoup plus sauvage : je la trouvais riante et
pomponnée. Mais la cataracte ! que dire ?

> J'étais venu pour voir,
> Je voulais écrire,
> Je ne suis que muet.

a dit je ne sais quel auteur... C'est aujourd'hui,
à distance, que le souvenir me hante et que je
comprends. Je confesse que l'effet immédiat fut
moins grand que je ne m'y attendais. Il faut rester
là, écouter, descendre sous la cascade. Plus on
voit, plus on est ému. On m'avait conseillé de coucher sur la rive canadienne pour bien comprendre
le Niagara, pour bien éprouver ce qu'il a de prodigieux. Le conseil est fort juste et je le transmets à
mon tour. Dans le silence de la nuit, j'ai éprouvé
de vives sensations au grondement sourd des eaux.

Le Niagara est une sorte de canal, de couloir de

40 ou 50 kilomètres de long, qui sert de trait d'union à deux lacs immenses. C'est en réalité le déversoir dans le lac Ontario de ces masses d'eaux prodigieuses qui s'appellent les lacs Erié, Michigan, Huron et Supérieur. La cataracte forme deux chutes : la chute américaine, divisée par un petit îlot et qui présente une nappe d'eau de 400 mètres de largeur, tombant d'une hauteur de 56 mètres sur les blocs de rochers ; puis la chute appelée Fer à Cheval, parce qu'elle s'arrondit au milieu. Elle a un contour de 1 200 mètres et forme un abîme terrifian où les vapeurs s'élèvent en nuages qui dominent perpétuellement le gouffre. La chute canadienne a 52 mètres. Le vacarme est assourdissant que produit une masse d'eau de 5 millions de mètres cubes par minute. Au pied des Chutes, des marchands d'albums, des photographes sollicitent le M. Perrichon fier de poser dans le décor pour ses contemporains.

Vers 1893, un chemin de fer électrique a été construit du côté canadien sur une longueur de 20 kilomètres. Du reste, les funiculaires sont nombreux et se multiplient toujours. Pour toucher l'abîme, les Américains, bravant la nature et les ondes, ont imaginé un petit steamer qui remonte le Niagara jusqu'au pied même du Fer à Cheval. Un étroit passage permet de contourner la rive entre la cataracte et le rocher. On descend aussi, et c'est plus émouvant encore, dans la cave des vents, où un couloir vous fait passer entre la masse des eaux et le rocher sur lequel elle s'appuie. Mais il ne faut pas être trop nerveux... Les gens avides d'émotions trouveront là de quoi se satisfaire. C'est simplement terrifiant et je ne le recommencerais pas.

Un autre tableau m'a laissé une impression et une vision plus effroyables encore peut-être. Ce sont les rapides de Whirlpool, à 3 kilomètres des chutes. C'est là, on s'en souvient peut-être, que périt en 1883 le nageur Webb qui devait descendre le Niagara à la nage et dont la tentative téméraire avait amené cent mille curieux. C'est aussi au-dessus de ces rapides que Blondin traversa le Niagara sur la corde raide portant une dame sur ses épaules... N'avait-il pas offert cette distraction au Prince de Galles?... Du pont immense suspendu sur le Niagara béant, comme du niveau de la rivière où mène un petit funiculaire, le spectacle est colossal. Le pont, de loin, semble être une lame suspendue entre les rochers abruptes, sur le gouffre

où se précipitent, en une course échevelée, les flots
courroucés. Le Niagara est encaissé entre ces deux
murailles de 60 mètres de hauteur, en un couloir de
100 mètres de large où il tourbillonne, se cabre,
s'enroule. Cette muraille naturelle ne s'abaisse que
vers le lac Ontario, à 16 kilomètres plus loin. J'ai
éprouvé, là, du milieu du pont suspendu, une
des plus poignantes impressions de ma vie, et le
spectacle me frappa tout d'abord plus que celui
des chutes elles-mêmes. Cette impression ne s'est
pas effacée. Charles Dickens a traduit en une
langue lyrique son émotion : « Nous étions dans
le petit bateau et traversions les ondes ridées au-
dessous des cataractes. Je commençais à sentir ce
qu'est ce prodige. Mais j'étais muet, extatique et
en quelque sorte incapable d'en saisir le grandiose.
Ce n'est que lorsque j'arrivai au haut et regardai
que je compris. Ciel ! sur quel abîme d'eaux res-
plendissantes étais-je ? Quelle majesté ! Alors, je
sentis combien j'étais près de mon Créateur ! L'impression ressentie empoignante devant ce spectacle
terrifiant fut un grand apaisement : pensée de la
mort, idées élevées, de repos et de bonheur, aucune mélancolie. L'empreinte demeurera indélébile
en mon cœur jusqu'à son battement suprême. »

Entre les Chutes et les Rapides, la profondeur du gouffre varie de 25 à 70 mètres. Aux chutes on l'estime à 90 mètres, aux rapides à 150. Or, ce n'est là que la profondeur de la couche d'eau, sans parler du lit profond de pierres, de sables, d'argile !

Le vieux pont suspendu a 260 mètres de long, le tablier 75 mètres au-dessus des eaux turbulentes.

La vue des cataractes au soleil levant, ou au soleil couchant, est profondément empoignante. Les clairs de lune sont indescriptibles,

Le temps passe ! Et les hommes oublient vite... Qui donc pense parfois que la France joua un rôle là-bas, il y a deux cents ans, considérable, et qu'elle posséda cette terre ? En regardant les eaux rouler vers le lac Ontario, je pensais au fort Niagara, dont des ruines marquent encore l'emplacement à l'extrémité de l'angle décrit par la rive droite de la rivière avec les écores du lac. Le fort Niagara, pris par les Anglais fut, en 1759, le théâtre d'un massacre dont les horreurs sont restées le secret de ces solitudes où elles demeurent éternellement ensevelies. Il y eut deux cent cinquante soldats français tués. Les sauvages firent cent cinquante chevelures et cent prisonniers qui, selon les mœurs indiennes, devaient être brûlés ou esclaves. C'est cette destinée effroyable qui inspira à un sauvage un acte de pitié comme pouvait seul le concevoir un cerveau de Peau-Rouge. Ami intime d'un Français captif, ce sauvage vint à lui.

— Je suis, lui dit-il, au désespoir de te voir mourir. Mais sois tranquille, je veux empêcher qu'on te fasse souffrir.

Sur quoi, ce disant, il l'étendit mort d'un coup de casse-tête.

L'île des Chèvres, Goat Island, dont j'ai déjà parlé, évoque aussi des souvenirs des anciens Indiens. Elle fait songer à une île où une Walkyrie bannie du ciel serait environnée, dans sa solitude, non plus de flammes, mais d'eaux mugissantes. Goat Island, placée entre les deux terrifiantes chutes, fut autrefois un cimetière indien. Il était réservé aux chefs et aux guerriers qui s'étaient illustrés dans le sentier de la bataille et garde encore des traces de leurs rites funéraires. Les guerriers croyaient sans doute y entendre, avec le grondement des ondes, le vieux chant de guerre et espéraient que leurs cendres, échappant à tout œil étranger, y dormiraient inviolées sous la protection des manitous...

Goat Island est sur le bord de l'escarpement où se

précipitent les lacs. Il y a là une trentaine d'îles
plus petites, dont quelques-unes sont reliées par
des ponts : l'île des Bains, l'île des Trois Sœurs,
l'île de la Lune. Il y a une île Chapin, du nom
d'un brave homme qui tomba dans l'eau et réussit à y aborder... L'île de la Lune offre une vue
tout impressionnante sous la lumière pâle de
Phébé... On a dit que cette île tremblait... C'est
bien possible. A côté des Trois Sœurs, il y a le
Petit Frère. On visite presque toutes ces petites îles
qui offrent des points de vue charmants sur les
chutes et les deux rives américaine et canadienne.
Les plus importantes appartiennent aux États-
Unis.

Les accidents de tous genres, suicides, meurtres,
chutes, ont été nombreux, il est inutile de le dire.
On m'en a conté quelques-uns dans le cadre
même où ils se sont passés. Un matin, on vit un
homme sur le rocher côté américain, entre les
Chutes et Goat Island. Il avait été entraîné, en traversant, dans les rapides, et demeurait prisonnier.
De tous côtés on le vint voir. Le spectacle n'était
pas banal. Les bateaux furent mis à l'eau, plusieurs
coulèrent, deux sombrèrent près de lui. On lança
des cordes, on lui envoyait des vivres dans des

vases en fer blanc... Un radeau enfin arriva jusqu'à lui et le sauva.

Suicides et accidents semblent venir d'ailleurs par périodes.

J'ai rappelé Blondin. Sa corde, une corde de 5 centimètres de diamètre, était tendue au-dessous du vieux pont suspendu. Il traversa l'abîme béant une fois avec une brouette, une autre fois avec un homme sur les épaules, enfin avec des paniers de pêches. Il accomplit un de ces exploits la nuit, pendant que de la rive on essayait des projections lumineuses. Blondin tenait un lourd balancier qui lui gardait l'équilibre. C'était un tempérament aux nerfs d'acier. Il demanda l'autorisation, qu'on lui refusa, de dresser sa corde sur les chutes elles-mêmes, au milieu des nuages et de la pluie incessante et de passer sur ces chutes. Il y eût probablement réussi.

Depuis Blondin, trois hommes et une femme ont traversé le Niagara sur la corde raide.

En 1873, un nommé Belleni sauta trois fois, plongeant dans la rivière d'une hauteur de 60 mètres. Il avait une corde en caoutchouc, de 2 centimètres et demi de diamètre et de 4 mètres de longueur, solidement attachée au câble et qui lui permettait, dans sa descente, de garder la position perpendiculaire. A son troisième plongeon, la corde cassa et s'enchevêtra dans ses pieds. Il tomba dans l'eau étroitement garrotté, et plongea si avant qu'il demeura presque asphyxié. Il fut repêché par un bateau qui le suivait dans toutes ses évolutions, mais dans un piteux état.

L'acte le plus audacieux est celui qu'accomplit un nommé Robinson, un brave homme et un homme brave dont le courage est resté légendaire là-bas. L'histoire tient un peu de la légende de Guignol rossant le guet, et a d'ailleurs un parfum bien américain. Un petit bateau, la *Fille des nuages*, qui existe encore aujourd'hui d'ailleurs, fut construit en 1846 pour conduire les voyageurs sous les chutes. L'affaire marchait bien. En 1854, on mettait en service un steamer beaucoup plus grand, mesurant 30 mètres de long. Et il faisait aussi de brillantes affaires. Mais, en 1861, réduite aux voyageurs du côté canadien, l'entreprise périclita. Comme on dit là-bas, ça ne payait plus ; aussi le fâcheux huissier était-il venu pour saisir l'infortuné petit navire. Comment faire pour échapper à la saisie et s'en aller sur une terre hospitalière d'où l'on pourrait faire la nique aux recors ? Il n'y avait

qu'un moyen : s'en aller au lac Ontario. Mais qui
piloterait le bateau ? L'ami Robinson seul le pouvait. Il accepta ce sauvetage d'un nouveau genre
et l'accomplit, ma foi, à merveille. Il emmena
deux hommes.avec lui. Dans les rapides de Whirlpool, la pauvre embarcation était terriblement se-
couée. Sa cheminée était tordue, les hommes ren-
versés, à moitié assommés et incapables de rien
faire. A Whirlpool, Robinson saisit le gouvernail,
et avant que le bateau ne fût aspiré, si je puis dire,
absorbé dans un de ces tourbillons auxquels rien
ne résiste, le mena dans un dégagement d'où, à
travers les ondes impétueuses, il vola comme
une mouette et atteignit Lewiston, où il était
en sûreté, dans des eaux tranquilles, à tous les
points de vue. Voilà un beau déménagement à la
cloche de bois. On dit que Robinson, qui
était digne, entre nous, d'être Cruzoé, reçut
2 500 francs pour ce record qui dura vingt minutes exactement, du départ de l'embarcadère à
Lewiston. Nul ne le lui a disputé depuis.

Si l'Amérique est un pays à prouesses, elle est
aussi un pays à fables. Les romanciers ont beaucoup parlé.du serpent à sonnettes de la région du
Niagara. Il y a deux siècles, on assurait que la

queue de ce reptile guérissait toutes sortes de coliques en la faisant infuser dans du vin blanc ou du bouillon !

Ainsi, je demeurai quelques jours, jouissant « de mon reste », me hâtant lentement, ainsi que conseille Boileau. J'étais tranquille, ayant de l'avance et devant arriver à New-York par le chemin de fer de l'Erié, la veille du départ du paquebot sur lequel je devais prendre passage. Il me parut bon cependant de ne pas attendre au dernier moment — et bien m'en prit.

Je partis donc prudemment l'avant-veille à 5 heures du soir. Je m'installai dans mon compartiment. Le chef de train contrôla mon billet et, ce faisant, il me dit bien quelques mots entre ses dents, mais je ne m'en préoccupai pas. Or, ce qu'il m'avait dit, c'est que je devais changer de train pour prendre l'express de New-York. Je me mis à lire, à écrire, à regarder et j'entendis soudain crier : *Buffalo. — Tout le monde descend !...*

Mes livres, mes bloc-notes étaient épars, épars mes effets. Je descendis dans un beau désordre qui n'avait rien de commun avec l'art. Je dus attendre cinq heures à Buffalo. Il était très tard, je ne pus que parcourir des rues fort larges, à la foule animée et bruyante, aux tramways assourdissants.

J'arrivai ainsi à New-York à midi, au lieu du matin, sous la plus belle pluie que j'aie vue jamais. Elle ne cessa pas de la journée et je n'eus que la ressource d'aller me remiser dans un hôtel d'Hoboken, auquel je ne ferai pas de réclame : la chambre coûtait un dollar et demi, soit 7 fr. 50, le dîner un dollar vingt cents, soit 6 francs — avec de l'eau claire.

En payant, je dis humblement au tenancier :

— It is a little dear, Sir. (C'est un peu cher).

Il me répondit triomphalement :

— Oh ! no, no, it is very cheap, very cheap, Sir. (Non, c'est très bon marché !...)

N'empêche que je sais à New-York de petits coins où c'est autrement plus *cheap*, c'est-à-dire autrement meilleur marché, avec du vin de Californie et pas de cuisine anglaise.

Le matin, en attendant le départ du paquebot, j'errai dans New-York et fis plusieurs visites infructueuses. J'aime d'ailleurs cette ville, elle a une attirance personnelle intense, mais j'en suis pour ce que j'ai dit, tout y est trop *smart*. Les affaires ! toujours les affaires. Je comprends mieux maintenant le *home* anglais. On accuse le Français de vivre dans les rues. C'est que ses rues et ses boulevards sont des salons. Je soupçonne beaucoup de fils d'Albion d'aimer le *home* comme les prisonniers aiment l'honnêteté, parce qu'ils ne peuvent pas faire autrement. Voyez les Anglais à Paris et dites-moi s'ils pensent au *home*.

. . . .

Et maintenant, en route pour la France.

Nous devions partir à midi. Mais notre bateau emportait dans ses flancs, à destination de Rotterdam, une cargaison de blé, le pur froment nourricier, dont l'arrimage retarda notre départ de quelques heures... Elles passèrent vite dans la contemplation du mouvement incessant de la métropole américaine...

Le soleil éclatait radieux à 3 heures quand l'hélice commença à battre et que nous quittions New-York. Était-ce pour saluer notre départ? Jusque-là, quel temps, grand Dieu! ni averses, ni ondées, — le déluge.

Après avoir lié connaissance avec l'état-major du navire, le capitaine, homme de 40 ans, excellent marin comme tous les Hollandais et un peu froid également, le commissaire, le docteur, américain,

portant lunette, le type du savant en *us* d'outre-
Rhin, mais que j'appris à apprécier, je me prome-
nais sur le pont, laissant errer ma vue sur la terre
américaine qui fuyait, avec cette impression un
peu vague et triste que laissent les choses qu'on ne
reverra jamais... Soudain, je vis gambader un petit
garçon d'une huitaine d'années, suivi d'un homme
à face yankee, barbe en broussaille, yeux fiévreux,
nez busqué, tenue sans luxe, de ceux presque dont
on dit qu'on n'aimerait pas à les rencontrer au
coin d'un bois... Et, voyez ce que c'est, et combien
l'habit ne fait pas le moine, il se trouva que c'était
le plus brave homme du monde... Je ne fis guère
à ce moment attention au camarade et continuai
ma promenade, un peu maussade. Or, une heure
plus tard, le quidam s'approche de moi.

— Are you a passenger, sir?

— Yes ! sir.

— We are a little number!

— Oh ! We are enough.

Et la conversation continuait à bâtons rompus,
lentement, en anglais... Mais, voilà que tout à
coup il me parle français... et me dit être de Lyon.
C'est approximativement du côté de Lyon qu'il
aurait pu dire, il était en réalité piémontais.

Voilà comment nous fîmes connaissance. Or, ce franco-américain, sous une écorce un peu grossière et fruste, une allure négligée et inculte, cachait beaucoup de finesse, d'observation juste et sensée, de philosophie résignée, je veux dire tranquille.

— La vie est si courte, disait-il, et il est si facile et si simple d'être heureux ! une ferme, des vaches, du lait, de l'indépendance. Tout est là.

Ce voyage, au demeurant, était totalement différent du premier. Les impressions sont en décembre tout autres qu'en mai ou juin. Le temps était gros. Sans être malade, j'avais une incessante lourdeur de tête très pénible. Nul appétit. Pendant trois jours, en face de Terre-Neuve, le brouillard était intense et la sirène ne cessait de mugir lamentablement. La mer d'encre roulait à perte de vue ses vagues moutonneuses et le navire était fortement secoué. Les feux demeuraient allumés tout le jour, et l'on n'entendait que le cri de la vigie à travers les sifflements du vent.

— All's well.

Je n'avais pas les idées roses. Et c'était toujours mon Américain qui venait me distraire. Imperturbable, insensible au brouillard, au roulis, au tan

gage, il fumait sa courte pipe toute la journée et,
entre temps, enseignait l'alphabet anglais au bam-
bin, lequel, réfractaire et la tête ailleurs, épelait
sans enthousiasme, *e, bi, ci, di...*

Quel type impayable! Je parlais avec lui la
langue de Shakespeare — un Shakespeare du Mississipi. Lui, il avait l'accent et les tournures particulières au Yankee. Il vivait depuis trente ans
dans l'ouest américain et y avait acquis sa philosophie sereine. Ai-je dit qu'il s'appelait Gaydou,
un nom sonnant bien français?... Sous son apparence de gaîté, il cachait pourtant des tristesses
intimes qui me le firent apprécier davantage. En
attendant, j'épuisais la bibliothèque du bord. Je
relus entre autre livres, *Païenne*, qui me fit une
tout autre impression qu'à la première lecture.
Puis le gros temps continuant, je restai cinq ou
six jours malade. Les nuits surtout étaient pé-
nibles. J'avais bien une cabine pour moi seul.
Mais le bateau était effroyablement ballotté, et
dans ma couchette mon corps suivait exactement
les mouvements du roulis. C'était horriblement
fatigant. Pendant ce temps, les vagues grises, d'un
gris sale, venaient se précipiter et se coller, comme
une immense pieuvre, sur la lentille du hublot.

Pendant le jour on ne pouvait rester sur le pont. La capitaine passait la nuit, attaché sur la passerelle. *Illi robur et æs triplex*, pensais-je en mes réminiscences d'Horace, et je jurais sur le Styx de ne plus m'embarquer. Serments du moment! Autant en emporte le vent. Et si Dieu le veut, me voilà prêt à repartir et à affronter les flots.

C'est au cours de la traversée, dans les moments où un pâle soleil essayait de percer le brouillard, que Gaydou me parla des cow-boys et me conta une anecdote sur Buffalo-Bill, le colonel Cody, qui, depuis son séjour en France, appartient à Paris et au boulevard, où, tout comme le chien d'Alcibiade, il eut son heure de célébrité. Donc, voici comme le nom de Buffalo-Bill échut à Cody.

William Cody, et par abréviation Bill, altération de Will, était, en 1867, un simple cow-boy ou berger, bien obscur, de l'ouest américain. Par exemple, il était déjà un merveilleux tireur et excellait dans l'art difficile d'abattre des buffalos ou bisons.

A cette époque, le chemin de fer de New-York à San-Francisco était en construction et il s'agissait d'atteindre à l'américaine, c'est-à-dire rapidement, Kansas-City pour se raccorder au chemin de fer

de la Californie. Plusieurs compagnies rivalisaient
de vitesse dans les travaux et l'une d'elles avait
plus de mille ouvriers sur la voie. Or, il fallait,
dans un pays désert, pourvoir à la nourriture de
ces régiments de travailleurs. Dans ce but, et
aussi pour se garer des Indiens, la compagnie fit
un traité avec Bill, comme en avait déjà contracté
le gouvernement. Cody s'engageait à fournir les
chantiers de viande.

Il arriva que les ouvriers se fatiguèrent de la
viande de bison. Aussi chaque fois que Cody s'éloi-
gnait : — « Bon, disaient-ils, voilà Buffalo qui
part... Nous allons avoir du bison. »

Et c'est depuis ce temps que le futur colonel
Cody — les colonels sont plus nombreux que les
soldats en Amérique — devint Buffalo — plus tard
Buffalo Wild West Cie.

Ainsi parla Gaydou. Et il conclut philosophi-
quement, en tirant une forte bouffée de sa pipe :

— Bill s'est façonné depuis, il va dans les salons, salue les dames et peut parler politique,
même avec le Président des États-Unis. Mais,
voyez-vous, on est encore bien mieux sur sa ferme.

Il est de fait que la vie au grand air de l'ouest
canadien ou américain a bien ses séductions. Aussi,

ne fallait-il pas parler de l'Europe à Gaydou. Il y venait voir son père. Parti à l'âge de 13 ans avec quelques sous en poche, il avait été dans le Far-West, successivement ouvrier terrassier, puis entrepreneur, puis fermier. Il avait, comme tout le monde, eu ses peines et ses joies. Mais il ne voyait que l'Amérique. Et il m'expliqua ce que, son vieux père embrassé après quarante ans d'absence, il ferait à son retour.

Il prendrait une ferme aux environs de Saint-Louis, et s'occuperait surtout d'aviculture et de la production des œufs. Et il m'alignait des chiffres. Il construisait un très vaste poulailler. Ce poulailler était chauffé pendant l'hiver à l'eau par des *pipes* (tuyaux), de sorte que les poules pondraient sans interruption. Il vendrait ses œufs à Saint-Louis 26 centins ou 1 fr. 30 la douzaine, prix rémunérateur. Ajoutez les poulets vendus, vous avez une opération excellente. Et, ma foi, Gaydou m'avait séduit. Seulement il faut croire que l'opération est moins fructueuse en France qu'à Saint-Louis... Je l'ai essayée... Hélas !...

Je quittai Gaydou à Boulogne-sur-Mer. Je ne le reverrai jamais. Puisse-t-il avoir réussi, et, au déclin de la vie, avoir réalisé dans le calme des champs son rêve : une ferme, des poules, des vaches, et de la terre à labourer...

Je causais assez souvent avec le docteur du bord, auquel le petit nombre de passagers donnait des loisirs, et il m'intéressait beaucoup par une conversation non dénuée d'observation et de sens pratique. On y pouvait démêler la fièvre d'impérialisme qui a touché certains Américains, cet orgueil, justifié en bien des points peut être, qui les fait se regarder comme les futurs maîtres du monde... Les États-Unis ont pourtant des questions intérieures à résoudre : celle des nègres, par exemple. Je sais bien que le Président Roosevelt a fait asseoir un noir à sa table. N'importe, on n'imagine pas combien ce peuple libre partage les idées d'un de nos défunts hommes d'État français sur les races inférieures. Un habitant du Tennessee, et non un arriéré, mais au contraire à l'esprit cultivé, m'a déclaré tout net que les nègres devaient être exterminés à bref délai dans tous les États où ils sont nombreux... Il y a aussi les Mexicains qui « jouissent » du plus profond mépris du yankee et qui le lui rendent.

Ainsi, entre Gaydou, le docteur et plus rarement le capitaine, les jours s'écoulaient... Mais la médi-

tation isolée ne perdait pas ses droits. Je ne sais
rien de plus apaisant dans sa mélancolie, que l'isolement et la réflexion. Et je comprends bien les
longues veillées d'hiver, à la campagne, autour de
l'âtre, sans une parole. Le paysan, et le marin
comme le paysan, sont près de la nature et aiment
le silence. Pour moi, le soir, assis sur le pont, entre le ciel et l'eau, je goûtais un charme vif à songer aux destinées, à m'abstraire... Et je pensais
combien la France vaut mieux que sa réputation,
combien les Français sont les plus modestes des
hommes, encore qu'on leur donne un renom de va-
nité.

Pauvre France ! Pauvre Paris ! Quelle réputation lui font certains étrangers qui viennent se
chauffer à ses rayons, et s'y amusent ! Que de fois
j'ai dû défendre la « Babylone moderne » contre
ceux qui payent d'accusations notre aimable et
douce hospitalité pour venger leur hypocrisie ! Au
dire de ceux-là, on ne trouverait plus à Paris ni
un homme d'honneur ni une femme vertueuse.
C'est que la gaîté française les trompe. Ils prennent
volontiers leur pharisaïsme pour vertu et nous ta-
xent de légèreté parce que nous n'imitons pas leur
pesanteur. Ils traversent trop vite notre pays pour

nous connaître. Ils voient le Paris qui s'amuse, c'est-à-dire eux-mêmes, non celui qui travaille, silencieux et fécond. C'est au foyer domestique qu'il faut étudier notre nation... Là, on pense, on prie, on garde les saines traditions.

Et je me disais tout cela, cependant que, accoudé sur le bastingage du vaisseau soulevé par les vagues tour à tour d'un bleu intense ou d'un gris boueux, je cherchais à percer tout là-bas, à l'Orient, l'horizon derrière lequel se cachait la terre, c'est-à-dire, la patrie, la douce France...

Le dimanche soir, à 7 heures, nous étions en vue de Silly. Le mardi, à minuit, nous débarquions à Boulogne-sur-Mer... De ce long voyage il ne me demeure que le souvenir. Oh! les larmes des choses!

FIN

TABLE DES MATIÈRES

IMPRIMERIE BUSSIÈRE. — SAINT-AMAND (CHER).